Signes astrologiques et âmes sœurs

Signes astrologiques et âmes sœurs

Linda George

Traduit de l'anglais par
Janine Renaud

ADA éditions

Éditeur : François Doucet
Traduction : Janine Renaud
Révision linguistique : Féminin Pluriel
Correction d'épreuves : Suzanne Turcotte, Carine Paradis
Montage de la couverture : Matthieu Fortin
Photo de la couverture : © Thinkstock
Mise en pages : Sébastien Michaud
ISBN papier 978-2-89667-254-7
ISBN numérique 978-2-89683-059-6
Première impression : 2011
Dépôt légal : 2011
Bibliothèque et Archives nationales du Québec
Bibliothèque Nationale du Canada

Éditions AdA Inc.
1385, boul. Lionel-Boulet
Varennes, Québec, Canada, J3X 1P7
Téléphone : 450-929-0296
Télécopieur : 450-929-0220
www.ada-inc.com
info@ada-inc.com

Diffusion

Canada :	Éditions AdA Inc.
France :	D.G. Diffusion
	Z.I. des Bogues
	31750 Escalquens — France
	Téléphone : 05.61.00.09.99
Suisse :	Transat — 23.42.77.40
Belgique :	D.G. Diffusion — 05.61.00.09.99

Imprimé au Canada

Participation de la SODEC.
Nous reconnaissons l'aide financière du gouvernement du Canada par l'entremise du Programme d'aide au développement de l'industrie de l'édition (PADIÉ) pour nos activités d'édition.
Gouvernement du Québec — Programme de crédit d'impôt pour l'édition de livres — Gestion SODEC.

À Roger, ma véritable âme sœur…
Merci de me compléter si parfaitement.

Et à mes enfants,
Elliot, Lee, Nina et Reid.
Aucun mot ne peut exprimer tout l'amour
que j'ai pour vous.
Je chéris ce que nous partageons dans cette vie…
Merci d'être des âmes si extraordinaires, et de
m'avoir choisie !

Table des matières

Introduction
Nous sommes des étoiles sur Terre

Après ma mort, toutes les molécules de mon
être retourneront à la terre et au ciel. Elles sont issues
des étoiles. Je suis issu des étoiles.
— Charles Lindbergh

La danse le long de l'artère
La circulation de la lymphe
Figurent dans la dérive des astres.
— T. S. Eliot

Nous sommes des créatures du cosmos. Nous venons des étoiles; notre Terre vient des étoiles. Avant le « Big Bang » – l'exhalation de Dieu –, nous faisions partie de l'Unique. Par conséquent, nous y sommes encore reliés. Nous sommes faits du même matériau composant l'Univers que les étoiles et les planètes. D'immenses espaces nous séparent, mais nous n'en sommes pas moins des éléments de l'Infini. Nous vibrons au même rythme, le rythme du cosmos, parce que nous *sommes* le cosmos. Telles des étincelles individuelles, nous existons dans l'Esprit de Dieu – l'origine de tout ce qui est, le champ de la conscience, où nous jouissons de la liberté de penser, de créer et de participer sciemment à notre propre évolution. L'Esprit de Dieu est l'intelligence du cosmos, et nous faisons partie de cette intelligence.

L'Univers, dans son immensité et sa diversité inimaginables, existe non seulement « là-bas » – il existe également « ici », à l'intérieur de nous. L'immensité de l'espace est parfaitement reproduite dans l'espace intérieur de notre propre corps. Notre cœur est un soleil miniature – centre de coordination de nos corps physique et spirituel. Les mêmes qui dansent dans les étoiles lointaines coulent aussi dans nos veines. Nous sommes des êtres matériels et, simultanément, des êtres divins. En nous, la matière physique, le tissu de l'Univers visible, se mêle étroitement aux vibrations plus rapides de l'esprit, de l'Univers invisible. Notre incarnation sur cette planète est temporaire, mais notre âme, elle, est infinie et éternelle. Nous sommes la forme à l'intérieur de l'informe. Nous sommes le défini dans l'Infini.

Tous les courants spirituels ayant vu le jour sur la planète ont eu leur propre conception de la vie éternelle. Les adeptes de spiritualité ont pour dénominateur commun de croire que la vie se prolonge au-delà du corps physique. Les découvertes scientifiques en matière de physique quantique nous rapprochent de la spiritualité des anciens sages, elles nous révèlent qu'une part de nous est connectée à l'Infini (à l'éternel), et que nous pouvons y accéder par la conscience. La conscience, la flamme qui brûle éternellement en chacun de nous, jette un pont entre notre Moi supérieur et l'informe.

Ce livre s'intéresse à la conscience de façon holistique. Il s'inscrit dans une perspective cosmique prenant en compte l'énergie de l'époque qui est la nôtre. Une époque durant laquelle Uranus, le maître de l'astrologie, traverse les Poissons; où les frontières s'effacent et les gens découvrent quelle est la nature du champ qui nous relie tous. Ce livre ne porte pas tant sur l'astrologie que sur l'âme, qui est une facette du Divin, de la puissance divine, de l'intelligence suprême, concentrée en chacun de nous. On l'appelle aussi le « Moi supérieur ». L'âme, ou le Moi supérieur, est comme la prise de courant à laquelle notre force vitale serait branchée. Elle nous lie à l'Infini, et lorsqu'elle décide de quitter le corps pour retourner s'unir à la Source, notre vie physique s'éteint. Le pouvoir, cependant, ne fait que changer de forme.

Ce livre traite de la prise de conscience de soi, accessible à tous, par l'intermédiaire de l'astrologie et des 12 signes du zodiaque. Il s'intéresse également aux relations, car nous ne pouvons prétendre nous connaître en l'absence de relations. L'astrologie et les relations humaines sont toutes deux des portails ouvrant sur l'Infini.

Les relations entre âmes sœurs s'appuient sur des dynamiques particulièrement puissantes qui vont au cœur même de notre raison d'être ici-bas. Elles relient notre âme à une autre âme et ainsi nous éveillent à certains aspects de nous-même dont nous ignorions jusqu'à l'existence. De crainte que vous entreteniez l'illusion que le fait d'entretenir une relation avec votre âme sœur marque la fin de tous vos problèmes et le début d'une vie de béatitude perpétuelle, voici les paroles qu'une vieille âme sage adressait à une jeune femme qui venait de trouver l'amour : « Oui, certes vous êtes des âmes sœurs. Et des âmes sœurs peuvent finir par s'entretuer ! »

Un peu dramatique, sans doute. Mais le message est limpide : les relations entre âmes sœurs ne sont pas toujours aisées ! Ce livre vous expliquera pourquoi.

D'aucuns considèrent l'astrologie comme une forme d'amusement, en marge de cette entreprise sérieuse qu'est la vie — n'ayant d'autre valeur que celle de nous divertir. Ce livre vous invite à voir l'astrologie d'un œil neuf. L'astrologie est l'un des systèmes de connaissance et l'un des arts intuitifs les plus profonds de la planète. Elle intègre la cosmologie, la philosophie et la psychologie sacrée. C'est la mère de l'astronomie. Il y a des lustres, lorsque les gens tournèrent leur regard vers le ciel et observèrent la configuration des étoiles, ils notèrent que ces configurations se reflétaient dans les émotions et les comportements humains. Ce qui était en haut l'était aussi en bas ; les événements célestes et terrestres étaient reliés. En outre, les anciens comprirent que l'Univers était doté d'une âme. De nos jours, de nombreuses personnes ne le savent plus. Ce livre vous invite à redécouvrir ce savoir ancien, qui vous habite toujours.

Chaque seconde de chaque jour de votre vie, vous vivez et respirez votre carte du ciel, votre plan cosmique – votre astrologie. Vous la marchez, vous la parlez et vous la pensez – ou elle vous pense –, que vous y croyiez ou non. L'astrologie est un portail, un accès à une conscience supérieure.

Notre époque nous presse, comme jamais auparavant, de développer notre conscience – de nous ouvrir à ce que nous sommes en vérité. Elle exige que nous le fassions, et elle veillera à ce que nous continuions de le faire parce que la plupart de ce que nous connaissons et chérissons dans le monde formel s'effondre. Cette demande obéit à une pulsion évolutive, une obligation évolutive, conçue pour nous ramener à la maison.

Par une nuit claire, le ciel, son immense voûte étoilée infinie, est l'image extérieure de qui et de quoi nous sommes à l'intérieur. Notre paysage intérieur, nos schémas mentaux et émotifs, sont réfléchis dans les cieux.

Nous pouvons atteindre l'Infini présent en nous en prenant conscience de notre parenté avec les étoiles et le cosmos, en apprenant comment leurs vibrations nous affectent sur les plans psychologique, physiologique et spirituel. Et lorsque nous atteignons l'Infini, nous rentrons à la maison.

1

La vue d'en haut

Le cosmos est un grand organisme vivant, dont nous faisons toujours partie. Le soleil est un grand cœur dont les pulsations parcourent jusqu'à nos veines les plus fines. La lune est un grand centre nerveux étincelant dont nous vibrons sans cesse. Qui sait quel pouvoir Saturne ou Vénus exercent sur nous ? Mais il s'agit d'un pouvoir vital, qui ondule exquisément en nous en tout temps.

— D. H. Lawrence

À notre époque, nous assistons à une accélération significative de la conscience. Depuis une décennie, les scientifiques ont fait et font encore des découvertes qui nous conduisent à la conclusion indéniable que nous existons dans un champ de conscience qui est ineffablement et mystérieusement infini.

Ce champ a été nommé « l'Esprit de Dieu », la « matrice », le « réseau » et, au début de l'exploration scientifique, l'« éther ». Il embrasse tout ce que comprend l'Univers connu : le cosmos (le mot en soi signifie « bon ordre »), notre planète, toutes les créatures de notre planète et l'Univers invisible. La science et le spirituel, après une longue brouille, se réconcilient, et le champ de la conscience est leur point de ralliement. Du côté scientifique de l'équation, on nous apprend qu'il existe un champ unique, unifié, connecté sur des plans dont nous n'avons pas conscience. Les faits sont indéniables : une chose qui a déjà été liée à une autre chose y demeure liée à jamais, qu'il s'agisse d'un photon, d'un fragment d'ADN ou d'une personne. Nous ne sommes plus uniquement des observateurs de ce champ ; les découvertes de la physique quantique démontrent que nous y participons parce que tout dans ce champ est lié. L'observateur fait intégralement partie du monde qu'il observe.

Les mystiques et les sages sont au fait de cette réalité depuis que l'homme erre sur la planète : nous sommes Un. La physique quantique et le mysticisme tiennent les mêmes propos. La science moderne a finalement atteint l'âge adulte et s'accorde avec la sagesse ancienne. L'Univers est un champ ordonné de vibration d'énergie, et il est imprégné de conscience.

Le courant scientifique dominant ne va peut-être pas jusqu'à affirmer que l'Univers est doté d'une intelligence qui connait sa propre existence, qui est consciente, et qui est une âme, mais ceux qui sont à l'avant-garde (tant de nos jours que dans le passé) le soutiennent.

Le monde physique, le monde des formes dans lequel nous vivons, est un vaste hologramme dont chaque parcelle contient le tout. Cet hologramme, que nous appelons « réalité » en trois dimensions (de quelle réalité s'agit-il ?), est une illusion, un rêve, un programme informatique, et c'est ici que nous nous trouvons. Nous ne pouvons pas grand-chose à la réalité à laquelle nous prenons part. Toutefois, nous pouvons changer la manière dont nous y prenons part, en comprenant que nous sommes la conscience infinie. En vérité, nous sommes des formes individuelles exprimant l'informe. Nous sommes des êtres infinis dans des corps définis. Par la conscience, nous pouvons accéder à la profonde infinité de l'Univers.

Si nous demeurons « inconscients » (c'est-à-dire non éveillés), nous existons en surface, sur le plan physique. Nous sommes incapables d'imprégner notre vie du sens découlant du sentiment de notre immortalité. Nous n'atteignons pas l'Infini.

Dans son livre *La Vie après la mort*, Deepak Chopra écrit :

> *La capacité de façonner la vie que possède la conscience est ce qu'il y a de plus permanent en nous, c'est le seul aspect de l'esprit que nous pouvons espérer voir perdurer*[1].

Donc, non seulement savons-nous désormais que nous pouvons agir sur le champ, et que le champ peut en retour agir sur nous, mais nous apprenons aussi que la conscience est permanente. Autrement dit, cet aspect de nous-mêmes qu'est la conscience ne peut s'éteindre. La conscience ne peut être détruite. Nous sommes la conscience enclose dans un corps physique ; notre survie au-delà de la mort physique est par conséquent assurée.

L'ego – source de notre souffrance

Pendant que nous sommes ici, dans le monde des formes, c'est l'ego qui a tendance à dominer la conscience. La tâche de l'ego consiste à assurer notre survie dans notre isolement physique, et ce faisant, il engendre un soi isolé qui croit devoir lutter et rivaliser pour sa survie. Il s'agit là du monde matériel, où l'ego nous définit.

L'ego s'identifie excessivement à l'esprit et obscurcit la conscience pure qui est le véritable Moi, ou le Moi supérieur. Cela occasionne de la souffrance et de la peur, issues de la conviction que nous sommes isolés et seuls au monde. Cette orientation égotiste est une manifestation du côté « yang » qui domine la culture occidentale depuis des millénaires. Nous sommes arrivés à un stade critique de notre évolution où il faut que nous devenions plus « yin », c'est-à-dire moins matérialistes et plus ouverts à la loi de la nature. Et cela presse.

La souffrance que nous éprouvons à cause de cette orientation égotiste entretient chez nous un sentiment d'abandon et d'isolement. C'est un véritable cercle vicieux, car plus nous avons peur, plus nous tentons d'échapper à cette peur à l'aide de notre esprit. Nous sommes persuadés que pour cesser d'avoir mal, il suffit d'avoir plus des plaisirs que le monde nous offre, et moins de déplaisirs qu'il nous impose. Mais notre esprit ne peut pas nous délivrer de la peur. Seul le fait de nous libérer de notre esprit, et de son interminable cortège de pensées, peut nous faire retrouver l'amour infini et la conscience de notre lien à l'ensemble de l'Univers, ce que nous sommes en réalité.

L'ego dispose de moyens puissants, et déploie beaucoup d'énergie pour s'intégrer et s'identifier au corps. En fait, la plupart des gens sont plus centrés sur leur ego que sur leur âme. C'est le cas du « consensus » ou de la « masse » (la majorité de la population, soit environ 75 % des gens). Ces personnes ne remettent pas en question ce que la société leur ordonne de faire ou de penser. Leurs convictions sont conditionnées par les prescriptions de la société. Les dirigeants sociaux font partie de ce groupe — ils ont passé une partie de leurs vies antérieures à se hisser à son sommet. Lorsque l'on est centré sur son ego, la voix de l'âme (de l'intuition ou de la connaissance) est tout au plus un murmure imperceptible.

On peut se satisfaire de vivre de façon égotiste. Temporairement. Le monde nous offre de multiples distractions enivrantes. Mais la minute de vérité arrive inévitablement. Les désirs et les choix fondés sur l'ego engendrent de l'isolement — et ultimement de la souffrance. En essence, le fait de vivre dans l'ego abaisse notre rythme vibratoire, ce qui nous enfonce encore plus dans la peur. Ne dit-on pas qu'il y a deux émotions, l'amour et la peur ? En réalité, l'amour n'est pas une émotion. C'est notre état originel, pur. L'amour n'est pas de ce monde. Il coule dans ce monde depuis le côté infini, informe du voile.

Lorsque nous tombons dans le piège que nous tend la dualité du monde des formes, nous pénétrons sur le territoire de la peur, de la souffrance et de l'anxiété parce que ce sont là les émotions entretenant les vibrations polarisées responsables des formes physiques. Les émotions négatives (dans lesquelles l'ego tente de nous maintenir) ont un faible rythme vibratoire ; plus nous vibrons faiblement, plus nous sommes réceptifs à la négativité qui nous entoure. Nous devenons plus vulnérables aux malaises et aux maladies, et nos conditions de vie (nos relations interpersonnelles, notre situation financière, notre carrière) se détériorent.

Nous possédons tous à l'intérieur de nous le pouvoir d'inverser cette tendance, de nous éveiller à ce que nous sommes en vérité, et de ressentir, au quotidien, la présence silencieuse, mais ô combien réelle, de l'âme. Ainsi, notre fréquence vibratoire s'élève et nous projette dans un état d'Unicité, qui est en fait notre état véritable. Penser nous maintient ancrés dans la dualité, mais le fait d'être conscients de nos pensées nous procure le pouvoir de voir au-delà de celles-ci. C'est la raison pour laquelle ceux qui aspirent à la spiritualité aiment tant méditer.

Nous sommes des êtres infinis dans un Univers infini. Et c'est l'âme qui se trouve à l'intérieur de nous, agissant par-delà les frontières de la conscience conventionnelle (non éveillée), qui nous donne la chance de vivre une existence libre d'ego.

Se servir en premier

À un niveau microscopique, la cellule cancéreuse illustre bien le travail de l'ego. En privilégiant sa propre survie, envers et contre le bien-être commun, la cellule cancéreuse finit par détruire à la fois son hôte et elle-même. Un phénomène semblable se produit à plus grande échelle dans notre monde. Lorsque les besoins et les désirs individuels, éphémères (l'absence de conscience) l'emportent sur le bien commun (la conscience supérieure), la planète (notre hôte) en subit les conséquences — par exemple, des catastrophes naturelles et des perturbations climatiques. Les désirs individuels (désirs qui entraînent beaucoup d'isolement) gravitent également autour de l'identification à un groupe spécifique — défini par la race, la religion ou d'autres traits communs. Nous voyons alors apparaître le phénomène du « nous contre eux » : une attitude à l'origine des conflits et des divisions, des atrocités et des crimes commis par l'homme contre ses frères, qui marquent notre histoire sur cette planète. La division entre soi et les autres est dévastatrice, tant sur le plan personnel que sur le plan collectif.

Cette propension à « se servir en premier » relève du domaine de l'ego. Lorsque nous sommes centrés sur l'immensité de notre Moi infini, nous nous occupons certes de nous-mêmes, de notre corps et de notre situation — mais nous sommes conscients que nous faisons partie d'un tout. Cet éveil nous conduit tout naturellement à servir les autres.

Dans cette folie que nous appelons le monde, l'ego, obsédé par sa survie, sacrifie souvent les besoins de notre âme.

Comme l'astrologue Steven Forrest le dit, « la Terre n'est pas l'adresse la plus prestigieuse de la galaxie, et le fait que nous y résidions signifie que nous sommes tous un peu fous ».

En effet. Il suffit de jeter un œil sur les événements du XXe siècle pour s'en convaincre. Mais cela suffit-il à nous ouvrir les yeux ? À nous faire comprendre où cela nous conduit, cette tendance à « se servir en premier » ? Tout autour de nous s'accumulent les conséquences irréfutables d'une telle attitude, de cette soif qu'a l'ego – mû par l'égoïsme, l'esprit de compétition et l'insécurité – de se tailler une place imprenable dans le monde matériel. Mais il n'y a pas que notre histoire marquée par la haine, les effusions de sang et la violence. Sur un tout autre plan, l'intérêt démesuré de notre société pour les futilités et la publicité entourant les célébrités ; l'obsession pour l'apparence, la santé, la richesse, le statut, la jeunesse perpétuelle et l'image ; de même que les innombrables lois et règlements qui nous empêchent d'être responsables de nous-mêmes, tout ceci nous indique que nous vivons sous le règne de l'ego. Il s'agit là de distractions que l'ego utilise pour nous convaincre que le monde est un endroit effrayant, où, pour survivre, il faut être compétitif, beau, riche et avoir du succès. Et que la vie est dangereuse ! On doit s'y tailler une place – et vite, avant de mourir.

Évidemment, comme le fait de vieillir nous rappelle que l'échéance se rapproche, nous nous efforçons de rester jeunes pour dissimuler cette vérité tant à nos yeux qu'à ceux des autres. Dans notre adhésion (fondée sur une peur primale de l'insécurité) aux visées de l'ego, nous écartons notre âme. Et c'est toujours à notre détriment – et, comme nous sommes en train de le découvrir, au détriment de la collectivité et de la planète.

Lorsque nous écartons notre âme, nous rompons notre lien avec l'Infini et nous nous éloignons de la source universelle de nourriture et d'amour, nous nous privons de prendre conscience du but et du sens de notre vie.

L'amour, qui n'est pas de ce monde, ne peut se manifester que si nous nous ouvrons à la conscience infinie. L'ego met l'accent sur le monde des formes, et l'amour s'y fait facilement broyer. L'ego, sous ses multiples couches de peur, use et abuse de l'amour. Au point où l'amour n'est plus reconnaissable. Au point où il est même menaçant d'employer le mot.

Lorsque nous réussissons à nous détacher du monde des formes et à demeurer en présence de notre conscience infinie, la vie se transforme comme par miracle. L'amour, ou le sacré en nous, s'épanouit.

Le langage de l'Infini

L'Infini communique avec nous par des symboles et des métaphores, des rêves, des impulsions, des humeurs et des sentiments. Quand on est attentif, on peut voir les nombreux indices qu'il sème tout autour de nous.

Nous pouvons tous accéder à ces signes que l'informe laisse à notre intention. Ce faisant, nous apprenons à mieux nous connaître, tant sur le plan conscient que sur le plan inconscient. Notre vie prend un sens plus profond, plus vaste. Et, du coup, nos relations deviennent plus riches, plus profondes, plus satisfaisantes.

Par ce livre, je vous invite à faire précisément cela : c'est-à-dire à sonder les profondeurs de votre psyché et ainsi découvrir votre conscience infinie.

La phrase *Connais-toi toi-même* était gravée au fronton du temple d'Apollon à Delphes. Les anciens savaient que nous sommes sur cette terre pour découvrir qui nous sommes et résoudre le mystère de cette vie qui est la nôtre. Il est certain que nous n'arriverons pas à percer ce mystère et à atteindre notre âme si nous obéissons uniquement à notre ego, si nous nous cantonnons exclusivement au monde des formes.

Mystérieusement, on ne peut pas accéder à l'Infini par un état de conscience « normal » (c'est-à-dire dominé par l'esprit). On ne peut l'approcher que par l'intermédiaire de symboles et d'états de conscience supérieurs. Les symboles jettent un pont entre la conscience et l'inconscience. L'astrologie est un langage symbolique. Il existe depuis des millénaires et il est actuellement en pleine renaissance. Une excellente raison explique ce regain d'intérêt pour l'astrologie.

En effet, à mesure que notre culture et notre société nous ont incités à vivre sur le plan horizontal et non sur le plan vertical, nous nous sommes aliénés notre Moi intérieur, notre âme. Nous avons perdu le contact avec notre conscience intérieure, et nous avons remis notre pouvoir entre les mains des autorités extérieures. Ressentant malgré tout la force d'attraction de notre âme – de l'aspect vertical, fait de nombreuses couches, de notre être – nous tentons, au milieu de la superficialité et du vide de la vie moderne, de trouver un sens à notre vie. Nous nous sentons de plus en plus attirés vers une façon d'être plus « yin », et de plus en plus rebutés par la culture « yang » dans laquelle nous sommes nés – une culture dominée par le matérialisme, la compétition et l'agressivité. L'astrologie est yin ; elle est réceptive, symbolique et capable de nous rendre conscients des cycles et de l'ordre qui régissent la nature.

Que nous en soyons conscients ou non, nous nous efforçons de vivre une existence symbolique : il suffit de voir, par exemple, la fascination qu'exercent sur nous les célébrités, ces dieux et ces déesses modernes. Ces individus sont les symboles d'anciens archétypes – Aphrodite ou Vénus, Apollon, Diane –, et ils représentent les énergies auxquelles nous aspirons à nous lier. Mais pour embrasser consciemment une vie symbolique, il faut que nous donnions un sens à notre propre parcours, que nous accueillions le mystère dans notre propre vie. Que nous cessions de vivre par personne interposée et que nous vivions par nous-mêmes, guidés par la sagesse profondément enfouie dans nos connaissances.

Voici pourquoi on redécouvre l'astrologie, pourquoi celle-ci a évolué jusqu'à se fondre dans la psychologie profonde : le langage symbolique des étoiles a le pouvoir de nous relier aux aspects les plus profonds de notre être. Il en est ainsi parce qu'elle touche l'âme et reconnaît implicitement son importance dans notre vie extérieure. Le lien qu'établit l'astrologie entre notre vie intérieure et les planètes nous remet dans le bon contexte, en tant qu'êtres cosmiques. L'astrologie reconnaît que ce qui se trouve en haut, se retrouve en bas, que les événements célestes se reflètent dans les événements terrestres.

L'âme est l'interface entre ces deux niveaux. Elle lie notre Moi personnel à notre Moi infini. En vérité, nous vivons de l'intérieur vers l'extérieur. Tout ce que nous faisons, ou qui nous vient du monde extérieur, prend naissance dans l'invisible.

L'âme est l'émissaire de l'Esprit de Dieu. Si nous ne réussissons pas à entendre la voix de l'âme, si nous n'écoutons pas ses enseignements et préférons obéir aux impératifs vains de la société, de nos parents, de nos conjoints – et pire encore, de notre propre ego –, nous nous trahissons nous-même, et notre vie se fracture, devient vide, douloureuse et stagnante. Nous nous aliénons notre être véritable. Le mot *tragédie* prend ici tout son sens.

Telle est donc la quête que, finalement, nous entreprendrons tous – nous connaître nous-même. Et ce n'est pas une mince tâche. C'est une lente progression qui, si nous y sommes ouverts, nous occupera et nous défiera notre vie durant.

Le conscient et l'inconscient sont composés de plusieurs couches. Les forces impliquées dans notre histoire collective et notre histoire personnelle, qui se manifestent sous forme de comportements compensatoires, résistent à l'examen, refusent d'être éclairées par la lumière du jour (ou de la conscience) et libérées. Il faut une bonne dose de dynamisme, de courage et d'intuition pour prendre conscience de ses vieux schémas, de ses programmes et de son conditionnement culturel. Mais il faut en passer par là pour jouir d'une vie véritablement pleine de sens. Pour que la vie ait un sens, on a besoin de la richesse et de la profondeur que nous procure un lien avec les autres dimensions de la vie. Le symbolisme de l'astrologie peut nous mener à ces dimensions.

La nouvelle astrologie est dite « évolutionnaire ». Elle accorde une place de choix au symbolisme et à la métaphore dans notre lien avec l'Infini. C'est une façon de quitter la piste de course abêtissante d'une vie conditionnée par la répétition de schémas inconscients et les diktats d'un ego infantile, c'est une invitation à embrasser la vie dans son sens le plus large. Lorsque par le truchement de l'astrologie nous devenons conscients de notre évolution, nous devenons conscients du même coup que nous sommes des êtres spirituels. L'ego ne nous domine plus ; nous devenons l'espace.

Si nous voulons vieillir en demeurant beaux, dignes, souples de corps et larges d'esprit, il est temps de passer de l'autre côté du miroir et de découvrir la vérité : nous faisons partie de la conscience infinie, et nous y sommes encore reliés. Nous sommes toujours connectés à la source de l'amour infini. Lorsque nous nous égarons dans notre individualité, nous oublions qu'avant d'être des créatures physiques, nous étions des êtres informes et spirituels. Sous la surface, nous le sommes toujours. Notre relation avec l'esprit et le mystère ne s'est jamais vraiment rompue. Nous avons juste oublié qu'elle existait.

Le psychologue jungien James Hollis décrit ce parcours avec éloquence :

> *Le merveilleux présent de la psychologie des profondeurs nous rend la possibilité d'un dialogue approfondi avec ce mystère. [...] Tous, nous sommes sensibles à l'envoûtement des surfaces, mais l'énergie qui déplace les constellations tourbillonnantes, qui a donné naissance aux grands mythes et qui habitait nos ancêtres nous habite aussi*[2].

La conscience nous a créés, nous et tout ce qui existe dans l'Univers visible et invisible. Tel est l'Esprit de Dieu, et tel est le mystère. Nous vivons à l'intérieur de cet univers et nous en sommes des parcelles. Nous détenons, au même titre que la Source, le pouvoir de créer. En réalité, nous sommes toujours en train de créer, consciemment ou inconsciemment. Si nous créons dans l'inconscience, nous finirons par souffrir et nous contracter. Si nous créons dans la conscience, nous connaîtrons inévitablement le bonheur et l'expansion.

Si vous souhaitez connaître le bonheur et l'expansion, au lieu de souffrir et de vous contracter, posez-vous la question suivante : *Suis-je en relation avec l'Infini ?* En l'absence d'une telle relation, toutes les relations humaines se transforment en arène pour les jeux de l'ego. Les relations profondes, axées sur l'âme, s'épanouissent et évoluent toujours dans une conscience sans limites. Elles reconnaissent, quoique discrètement, que le sacré est toujours présent au milieu des joies et des souffrances quotidiennes.

Le monde tel que nous le voyions n'est rien de plus que notre reflet et celui de nos croyances. C'est une vue de l'esprit. Notre mission consiste à découvrir qui nous sommes en réalité. Quelle est l'âme immortelle palpitant dans la chair et le sang d'une existence fugace, sur une planète plutôt petite, perdue au milieu de la Voie lactée ? Quel le visage se cache derrière les yeux qui surveillent et observent le monde ? Lorsqu'enfin nous voyons qui nous sommes, nous éprouvons beaucoup de compassion envers nous-mêmes et les autres. Nous avançons tous sur un sentier semé d'embûches. Alors, notre perception de la réalité change, car notre conscience s'est modifiée.

Et dès lors, le monde extérieur semble différent. Il n'est plus le jouet démuni de sens du hasard. Il devient plus bienveillant, plus gentil, plus amical, il est le reflet extérieur de l'intérieur. Et nous découvrons alors que la réalité est et a toujours été un travail fait de l'intérieur.

2

La danse vibratoire du cosmos

N'aime que ce qui t'arrive et ce qui constitue la trame de ta vie. N'est-il rien, en effet, qui te convienne mieux ?

— Marc Aurèle

Les traditions spirituelles affirment que nous « rentrons à la maison » lorsque nous mourons, signifiant ainsi que nous retournons à l'endroit dont nous sommes originaires. Toute chose de l'Univers visible commence dans l'invisible. Elle intègre une forme, et à la fin de sa vie sur terre, elle la quitte. Pour retourner à l'invisible, à la conscience pure, au mystère dont elle est issue.

Tôt ou tard, à un moment ou à un autre de notre long parcours en tant que formes, nous nous éveillons à la réalité que nous ne sommes pas uniquement des êtres matériels vivant une vie de souffrance et de chagrin, entrecoupée de brefs instants de plaisir. Nous découvrons, à mesure que notre conscience gagne en profondeur, que nous sommes en fait les créatures éternelles du cosmos.

Plusieurs chemins mènent à la conscience. Au besoin, c'est la vie elle-même qui s'en charge. Les souffrances répétées et les blessures émotives engendrées par nos choix inconscients finissent par éroder notre résistance et par atteindre notre âme. À force d'être malmenés par la vie, nous comprenons enfin comment certains de nos choix nous font souffrir. C'est un bien long chemin, mais très fréquenté.

Cependant, on peut emprunter une autre voie, se servir de portails qui, comme l'astrologie, constituent une porte d'entrée ou un lien entre l'intérieur et l'extérieur, le monde terrestre et l'âme. Ils nous aident à donner un sens aux événements que nous vivons. L'astrologie a mauvaise réputation depuis que le paradigme scientifique a supplanté la connaissance de jadis voulant que l'Univers ait une âme.

Pour la plupart des gens, l'astrologie, c'est l'horoscope que publient les magazines et les journaux. Les prédictions fondées sur les signes du zodiaque, trop générales, ne peuvent être que superficielles, bien qu'intrigantes et divertissantes.

L'astrologie n'a pas besoin que l'on croie en elle. Elle agit, quoi qu'on en pense. Votre caractère, les circonstances de votre vie, les événements que vous attirez, les gens que vous attirez – tous sont des reflets de votre configuration astrologique. Et vous êtes doté de tout ce dont vous avez besoin dans cette vie. Ce qui est en haut, est aussi en bas ; le microcosme est le reflet du macrocosme. C'est Carl Jung, pionnier de la psychologie en profondeur et fervent adepte de l'astrologie, qui a créé le mot « synchronicité » – la base sur laquelle se fonde notre compréhension de l'astrologie. Tout événement se produisant dans le grand cosmos se reflète simultanément à tous les niveaux du microcosme. Et ces niveaux ont plusieurs facettes, ils vont de la densité du physique (les événements se produisant dans le monde) à la subtilité des émotions (les états psychospirituels). Ainsi constatons-nous, par exemple, que le transit de Saturne peut créer des obstacles physiques qui entravent notre progression sociale, tout comme il peut apporter une période de dépression et d'anxiété.

Jung a de plus observé que ce dont nous ne prenons pas conscience à l'intérieur de nous-mêmes finit fatalement par nous atteindre de l'extérieur. (Ce que l'on ne veut pas savoir de soi-même finit par arriver de l'extérieur comme si c'était notre destin.) L'astrologie est un système de connaissances qui mêle l'être intérieur à l'être extérieur, l'inconscient au conscient, le caractère au destin.

C'est une façon de devenir conscient de ce qui passe intérieurement.

Donc, en quoi consistent les signes du zodiaque ? La ceinture zodiacale du ciel est composée de 12 signes, représentatifs des principes vitaux universels. Au cours d'une année, le soleil transite dans les 30 degrés de chaque signe. Notre signe est celui que le soleil occupait lors de notre naissance. L'essence, ou les principes, de ce signe précis est celle dont nous avons besoin, en tant qu'individus, pour alimenter la fonction solaire de notre psyché.

On entend par fonction solaire la manière dont nous exprimons notre individualité, dont nous cherchons consciemment à prouver notre validité. C'est la lumière que nous irradions. Pour nous sentir vifs et vivants chaque jour, pour prendre une part active dans le jeu de la vie, il nous faut alimenter notre soleil intérieur en honorant les principes de notre signe solaire. Les signes représentent 12 principes vitaux ou vérités. Il s'agit de principes universels qui, l'un après l'autre, se déploient ou évoluent – des principes du Bélier associés au recommencement, à la naissance et à la survie, aux principes des Poissons liés à la reddition, au détachement et à la mort de la forme matérielle. Entre les deux, chaque stade de la vie est associé à un signe précis et décrit par lui.

Si vous alimentez votre fonction solaire (et dans ce livre, j'explique de quoi il s'agit pour chaque signe), vous connaîtrez un plus grand sentiment de bien-être émotif et d'engagement ! Vous aurez plus de plaisir, vous vous sentirez plus vivant et plus centré. Qui plus est, vos relations en seront facilitées – lorsque vous comblerez votre besoin d'*être* un Bélier, un Scorpion ou un Capricorne ; lorsque vous traverserez le monde en étant l'être que vous êtes censé être – *et* lorsque vous reconnaîtrez que votre partenaire a lui aussi besoin d'être son soleil ! Lorsque vous serez sur la même longueur d'onde que votre signe solaire, le flot puissant de la vie vous emportera.

Les prédictions de l'astrologie, le destin et le libre arbitre

Ce n'est pas dans les prédictions fondées sur les signes du zodiaque que résident les plus grands mérites et les plus grandes vérités de l'astrologie. L'astrologie n'est pas (et ne devrait pas être) employée en tant qu'instrument de prédiction. Les astrologues évolutionnistes ne souscrivent pas à ce type d'astrologie. Nous nous soucions plus d'aider nos clients à comprendre leur nature, leurs forces, leurs épreuves et leurs schémas karmiques. Une part de ce travail consiste à prévoir quelles seront les diverses ondes d'énergie qui surgiront du cosmos dans le futur. Mais c'est uniquement afin d'aider nos clients à s'ouvrir aux « leçons de l'âme » qu'ils recevront, et non à les éviter.

Chaque seconde, environ 300 millions de réactions biochimiques différentes se produisent dans notre corps. Comment celui-ci arrive-t-il à tout coordonner ? Encore plus confondant, simultanément, le corps est sensible au mouvement des étoiles. Les cycles circadiens, lunaires, saisonniers affectent notre biologie. L'intelligence prodigieuse requise pour organiser tout ceci doit sûrement être consciente du microcosme et du macrocosme, de l'intracellulaire et de l'interstellaire. Sinon, un tel degré de coordination se révèlerait impossible. Où se trouve cette intelligence ? Dans notre corps ou dans les étoiles ? Ou dans les deux ?

La configuration des étoiles, à l'instant de notre premier souffle, correspond à la configuration, au plan, de notre vie. La trame de notre destinée est mêlée à la chaîne de cette configuration, connue sous le nom de carte du ciel. La carte du ciel est la carte de la vie terrestre d'un être divin. Mais cette carte n'est pas celle d'un territoire. C'est la représentation symbolique de l'histoire qui se trouve en nous, l'histoire de ce que notre vie peut devenir. Le symbolisme nous permet de découvrir le spirituel par le concret – les planètes sont l'aspect concret (plus dense) des énergies spirituelles, des fréquences supérieures.

La carte décrit notre personnalité et notre potentiel. C'est l'histoire que nous façonnons, en la vivant. Nous sommes libres d'accepter notre histoire, notre destin – avec ses limites, ses épreuves, ses largesses et ses forces inhérentes (les « thèmes » représentés dans la carte du ciel) – et de nous en servir pour vivre dans la conscience, ou de nous insurger contre elle.

Notre destin nous est propre. Nous l'avons créé, ou il a été créé pour nous en accord parfait avec notre karma et le dessein formé à notre intention par l'Univers. Dans les coulisses, l'âme a conçu le véhicule de notre individualité. Ou serait-ce l'Esprit de Dieu qui aurait déterminé ce qu'il nous faut apprendre dans cette vie, quelle configuration céleste nous conviendrait le mieux ? La force motrice existe au-delà de notre individualité et de ce monde formé de cinq sens et d'une « réalité » en trois dimensions. Il nous faut cependant savoir ceci : nous avons tous été dotés de ce dont nous avons précisément besoin pour entreprendre notre voyage.

Notre vie *obéit* bel et bien à un but, à un plan conscient ; nous ne sommes pas des canevas vierge. Ce but a été esquissé dans l'Infini et encodé dans notre ADN. L'ADN est le ruban physique et vibratoire du schéma mental et émotif déterminant notre vie dans le monde des formes. Dès son premier souffle, l'individu entreprend sa vie physique. Dès que les poumons se gonflent pour la première fois et que plusieurs systèmes biologiques entrent en action, l'ADN, dans lequel est inscrit le bagage génétique de l'enfant, enregistre la fréquence vibratoire du cosmos à cet instant précis et à cet endroit précis de la planète. Le miracle de la naissance physique n'est que l'un des miracles d'une vie nouvelle.

Tout dans l'Univers est composé de vibrations. La vibration physique est la plus lente, la plus dense. Mais nous ne sommes pas uniquement faits de matière physique. L'âme qui emploie le corps comme véhicule a son propre rythme vibratoire. Elle a choisi l'instant précis de son entrée, car la fréquence vibratoire correspondait exactement aux besoins qui étaient les siens pour cette vie. En d'autres mots, l'Univers avait besoin de l'énergie du cosmos, à un moment précis, pour nous incarner !

Le mot grec *hora,* dont découle le mot *horoscope,* signifie le « bon moment ». Nos ancêtres avaient donc compris que le moment de notre naissance (symbolisé par notre horoscope) était le « bon » pour nous.

Par conséquent, nous sommes uniques, non seulement génétiquement, mais aussi, et encore plus significativement que nous l'imaginons, sur le plan des fréquences vibratoires qui dansent dans notre ADN.

La qualité d'un instant, en matière de résonnance vibratoire ou énergétique, est gravée dans tout ce qui naît, ou commence à exister, à cet instant. Cette empreinte demeure à jamais. Ceci s'applique à tout début, comme celui de la première rencontre d'un couple destiné à entretenir une liaison. Le motif que recèle l'instant de cette première rencontre suivra le couple tout au long de sa relation, et il est très significatif.

On peut lire ou interpréter le schéma vibratoire par le symbolisme de la carte. Nous ne pouvons pas plus modifier le schéma de notre carte du ciel que nous ne pouvons voler jusqu'à la lune par nous-mêmes. Nous sommes coincés avec. L'horoscope est la carte du caractère — et de là, la carte de la destinée. C'est la carte qui a été jugée « bonne » pour nous. Le destin est le caractère étalé dans le temps. Toutefois, nous aurions tort de croire que le schéma gravé dans la carte du ciel est statique, ou que nous ne pouvons choisir de quelle façon il se réalisera. La carte est remplie de potentiel, et chaque pièce du symbolisme pourra s'exprimer faiblement ou fortement. Il s'agit d'une représentation de l'évolution de notre caractère au long des diverses phases de notre cycle de vie. Nous demeurons libres de choisir comment nous façonnerons et raffinerons ce caractère.

Destin ou libre arbitre — lequel est-ce ?

La vérité, comme c'est le cas de toute bonne vérité, est un paradoxe. Tant le destin que le libre arbitre agissent simultanément tout au long de notre vie ; ils coexistent. C'est le mot *arbitre* — ou *volonté*, en langage moderne — qui nous aide à comprendre ce paradoxe. Nous pouvons employer notre volonté pour nous aligner sur notre destin — notre schéma divin — ou pour nous en écarter. Lorsque nous nous alignons sur notre destin, notre volonté et la volonté du Divin s'unissent, et cette acceptation nous apporte la liberté. Lorsque nous n'usons pas de notre liberté, et vivons dans l'inconscience, ce qui nous arrive semble alors nous échapper, être une fatalité.

Autrement dit, lorsque nous renonçons à préconcevoir ce que notre vie devrait être, et acceptons plutôt qu'elle soit ce qu'elle est (il y a toujours des limites dans le monde des formes !), nous devenons « libres ». Voltaire a dit que l'homme est libre au moment qu'il veut l'être. Au bout du compte, c'est l'âme qui mène ; nous avons moins de pouvoir que nous ne le croyons — donc, lorsque nous acceptons notre destin et nous abordons la vie de façon détendue, la vie nous récompense, et, mystérieusement, tout ce dont nous avons besoin nous est donné.

L'une des forces de l'astrologie repose dans sa capacité à dépeindre et à anticiper les cycles, les ondes énergétiques, marquant notre évolution dans la vie. Et nous pouvons mieux en saisir l'intention grâce à l'interprétation du symbolisme. Nous avons alors l'occasion d'aligner le conscient sur l'inconscient. L'intention est un mécanisme servant l'évolution, ou l'ascension, de notre conscience. Cela nous permet d'observer les phases de l'existence, les aléas de la chance (les revers et les retours de fortune), de façon plus éclairée. Sachant que nous sommes capables insuffler de la conscience dans ces cycles de vie, nous pouvons honorer ce qu'ils nous apportent en suivant leur cours au lieu d'y résister. La souffrance est toujours liée à la résistance. La résistance est yang, la réceptivité est yin. La vague cosmique reflue et, que cela nous plaise ou non, elle nous entraîne vers une façon d'être plus yin.

Les épreuves et les difficultés ont un sens, au même titre que les joies. Elles font partie du flux et du reflux, du rythme et de la danse de la vie. Subtilement ou non, ces difficultés nous éveillent à la nature de la vie en soi. Et, au bout du compte, il n'y a ni erreurs ni pertes.

Outre nos cycles de vie individuels, la planète traverse elle aussi des cycles, ou des époques. L'ancien système astrologique nous révèle que l'humanité doit traverser 12 ères ou 12 époques avant d'en arriver à saisir le mystère du Moi. Chaque époque correspond aux 12 signes du zodiaque. Il est fascinant de lire les anciennes prophéties décrivant la transition entre l'ère des Poissons et celle du Verseau. Nous sommes actuellement au début de l'ère du Verseau*.

Ces prophéties annoncent que les frontières entre la religion et la science disparaîtront, parce que les gens découvriront que tout, y compris la matière, est une onde. Seule la fréquence différencie l'esprit et la matière. Tout est, en essence, apparentée à une onde, à une vague. Et, fort à propos, le symbole du Verseau est un être céleste versant de l'eau d'une cruche sans couvercle (infinie).

* N.d.T. : Au moment de l'écriture de ce livre dans sa version originale anglaise.

Le karma est une loi universelle et un mécanisme primaire d'évolution. C'est un processus équilibrant par lequel nous récoltons les fruits de nos pensées et de nos actions. Les pensées qu'on a entretenues systématiquement (durant plusieurs vies) gagnent en puissance, et elles forment les croyances qui créent notre réalité. En un sens, le karma est fait de pensées cristallisées. Les « croyances » représentées dans la carte du ciel découlent des pensées. Nous confondons ces croyances avec la réalité, le reflet du « monde ». En vérité, elles n'ont aucune réalité en dehors de notre propre expérience. Nous créons tout ça. Le monde des pensées est infiniment créatif, et toutes celles auxquelles nous nous accrochons (tant les vieilles peurs et insécurités que les convictions positives) ont le pouvoir de façonner la réalité extérieure. Ainsi, l'extérieur et l'intérieur se réfléchissent mutuellement. Tout au long de notre vie, nous provoquons des événements et attirons des gens par nécessité karmique. Qui se ressemble s'assemble. C'est la loi de l'attraction. Notre carte du ciel dépeint notre karma — de même que le but de la vie que nous entreprenons à notre naissance. Le but, c'est le désir que l'âme a d'évoluer et de transcender les limites des croyances « erronées ». Autrement dit, de nous aider à guérir, ou de devenir entiers.

Pour plusieurs d'entre nous, il n'est pas facile de nous libérer des limites imposées par nos schémas de pensée, qui remontent à des vies antérieures et nous ont été « confirmés » par les événements et les expériences de celles-ci. Pour détruire les schémas, il faut en prendre sciemment conscience, sinon, ils se répéteront. La conception de notre vie est unique, mystérieusement faite de nombreuses superpositions. On peut la vivre sur un plan supérieur ou sur un plan inférieur. La différence, c'est que d'un côté on vit dans la souffrance du monde et, de l'autre, dans la conscience de la dimension sacrée, infinie qui orchestre tout.

Ce qu'il y a de merveilleux, c'est que l'Univers avait besoin que nous soyons exactement qui nous sommes, que nous incarnions le schéma céleste prévalent à l'instant de notre naissance. Notre schéma nous est propre (c'est pourquoi l'ADN sert à des fins d'identification – ce schéma, l'hologramme, se trouve à l'intérieur de chaque cellule de notre corps). Il avait besoin que nous venions dans cette dimension et vivions dans le monde physique, en tant qu'êtres infinis en harmonie avec la musique du cosmos. Peut-être est-ce ainsi que l'Esprit de Dieu sait qu'il existe. Tout comme nous ne pouvons nous connaître si nous vivons dans l'isolement (privés de toute relation), la force créatrice, l'Être suprême, Dieu, sait qu'il existe grâce à sa relation avec ses créatures.

En accomplissant notre destinée, nous remplissons le but de notre incarnation – qui était, et est, tout simplement d'être *qui nous sommes !* D'être qui et ce que notre Moi supérieur a voulu que nous soyons afin que se manifeste l'Infini en nous, que s'exprime notre singularité par l'acte créateur de vivre notre vie. Notre Moi supérieur, ou âme, nous a lancés dans cette vie dans l'intention également de nous aider à cicatriser nos blessures et à surmonter notre schéma karmique, constitué au fil d'innombrables vies, qui est cause pour nous de tant de souffrances. Les gens que nous croisons, et ceux avec lesquels nous forgeons des relations intimes, font partie de notre vie pour une raison précise. Ils ne sont pas là par hasard. Tous nous permettent d'évoluer, de croître et de devenir entiers.

Il semble qu'il soit impossible de devenir plus conscient, et par conséquent plus heureux et expansif, entier et guéri, si l'on n'a pas la volonté de nous tourner vers l'intérieur et de nous dégager du monde. Il nous faut prêter l'oreille aux propos de notre âme — être attentif aux signes qu'elle laisse à notre intention — et plonger dans les profondeurs de notre propre vie. Vivre en surface, l'endroit où la plupart des gens se cantonnent de nos jours, est vide de sens, car ce n'est pas là que l'on trouvera notre âme.

Le monde irréel que nous confondons avec la réalité

Marc Aurèle a dit : « N'aime que ce qui t'arrive et ce qui constitue la trame de ta vie. N'est-il rien, en effet, qui te convienne mieux ? » Nous ignorons quels sont nos besoins réels, car nous vivons dans un monde irréel ; nous baignons dans l'illusion, l'illusion des trois dimensions. Notre vue est étroite, nos sens limités. La matière que nous observons — même avec des instruments — ne représente que 0,5 % de toute la masse connue. Nous en voyons encore moins de nos yeux[1]. Ce qui signifie que nous sommes aveugles à la plus grande part de ce qui se passe ici. Mais quelque chose, quelque part, ne l'est pas. Sous une perspective plus large, il y a un but, une intention, derrière tout ce qui nous arrive. Ce but, c'est celui dont nous avons besoin. Nous n'avons pas besoin de savoir quel est notre but. Celui-ci nous trouvera, si nous croyons en l'Infini, en notre âme intérieure.

> *Dans la mesure où le ciel tout-puissant est favorable à vos origines et à votre vie future, vous accomplirez la promesse de votre naissance; surtout si Platon, et l'antiquité avec lui, avait raison en affirmant que chacun est doté à sa naissance d'un* daïmôn, *un gardien de vie – qui lui est destiné par sa propre étoile*[2].
>
> — Marsilio Ficino, 1489

Lorsque nous avons recours à notre «libre arbitre» pour nous aligner sur notre destinée, nous découvrons le plus grand des secrets : la vie est vraiment très simple quand on renonce au désir de la maîtriser. Si nous suivons ce conseil, nous atteignons la paix et la liberté.

Le fait de nous aligner sur notre destinée, ou sur notre héritage cosmique, comporte de nombreux bénéfices; cela a le pouvoir de nous relier à l'instant présent, le «maintenant». Il faut une bonne dose d'autodiscipline mentale pour rester aligné sur le «maintenant» mais, ironiquement, cette discipline requiert peu d'efforts; c'est beaucoup plus facile qu'on le croit de prime abord. Voici un paradoxe sur lequel les gens d'esprit devraient méditer. C'est l'effort dans le non-effort – appelé «*wu wei*» dans le taoïsme.

En raison de la densité de la dimension physique, nous sommes obligés de respecter certaines lois de la nature. Nous n'avons pas le choix. En comprenant et en respectant les lois de la nature, nous donnons à notre vie physique un certain degré de discipline, d'ordre, ou de maîtrise, si vous préférez. C'est la même chose sur le plan de l'esprit. Les pensées ont beau être moins denses que les corps physiques, elles n'en demeurent pas moins assujetties à ces lois. La preuve en est que nous sommes capables, par nos pensées, de provoquer des événements dans le monde matériel. Penser est un acte créateur et, par conséquent, une force dans le monde matériel, et donc une force assujettie, sur le plan matériel, aux lois universelles de la nature.

La source de la plupart de nos malheurs se trouve dans nos pensées négatives ; mais le secret est là pour nous rappeler qu'il nous suffit de cesser de tourner en rond dans notre monologue intérieur – habituellement négatif, l'esprit étant du domaine de l'ego – et de nous détendre dans le moment présent. En prenant une telle décision, nous nous alignons sur notre destinée et accédons par conséquent à la paix et à la liberté. Il faut tout simplement accepter ce qui est (ouvrir son cœur) et avoir la discipline tranquille, n'exigeant aucun effort, d'apaiser son esprit. Pythagore n'a-t-il pas dit qu'un homme ne pouvant se commander lui-même ne peut être libre ?

Pour nous aligner sur l'intention que nourrit notre âme à notre égard durant cette vie, il nous faut prendre graduellement conscience de qui nous sommes, de l'intérieur vers l'extérieur. Pour arriver à rester relié consciemment, seconde après seconde, à ce qui se produit et à l'accepter, peu importe de quoi il s'agit, il faut ouvrir son cœur et imposer le silence à son ego.

L'astrologie peut nous aider à y voir plus clair, à accélérer cette prise de conscience. Elle nous permet de comprendre l'intention de notre âme et, grâce à cette compréhension, de devenir plus conscients.

Lorsque l'on ne dispose pas d'une carte du ciel complète (qui représente l'histoire d'une vie de façon incroyablement détaillée), le signe solaire fournit en lui-même de précieux renseignements – il nous dit ce que nous devons faire pour vivre pleinement, quel est le moteur qui nous propulsera cette fois-ci ; ce que nous devons faire pour être authentiques, pleinement fonctionnels, sains. Alimenter notre soleil, la « fl-âme » de notre psyché, c'est s'engager à vivre entièrement.

Manifestement, il n'est pas nécessaire de connaître l'astrologie. Depuis toujours, les gens ont réussi à vivre sur cette planète sans son concours. Mais autrefois, on vivait plus en harmonie avec les lois de la nature et l'ordre cosmique. De nos jours, il nous faut rechercher consciemment cette compréhension car, honnêtement, nous ne semblons plus guère y parvenir autrement. Nous disposons pour cela de plusieurs outils ou principes directeurs, dont l'astrologie.

Il importe de comprendre que le fait de nous découvrir nous-mêmes avec le concours de l'astrologie ne remplace pas l'expérience (ce qui serait futile) – la vie est un exercice pratique. Il faut vivre des expériences, et lorsque l'on tente d'y échapper, on rate la cible. L'astrologie a, entre autres mérites, celui de nous mettre en contact avec nous-mêmes d'une façon traduisant (symboliquement) à la fois ce que nous vivons à l'intérieur de nous et ce que nous vivons à l'extérieur – les événements et les sentiments, le contenu et la forme. Lorsque nous nous comprenons nous-mêmes sur le plan intérieur, nous saisissons intuitivement quel est le but de notre vie. Nous avons ensuite le choix de l'accepter, ou non — d'être libres, ou non. Le choix nous appartient.

> *Nous avons besoin de l'astrologie, car nous ne sommes plus en contact avec nous-mêmes. Si nous étions entiers, nous n'aurions pas besoin du médecin. Si nous nous contentions d'être, si nous étions en état de grâce, ou tao, nous n'aurions pas besoin de l'astrologie. L'astrologie, bien utilisée, aide les gens à accéder à cet état*[3].
>
> — Gregory Szanto

Ce livre explore les signes astrologiques du point de vue des relations. Dans la carte du ciel, le soleil est un symbole puissant, car tout est filtré, sur le plan conscient, par le soleil. Le fait d'alimenter notre soleil, en respectant les besoins et les principes de notre signe solaire, nous prédispose à être des « rayons de soleil ». Nous nous sentons remplis de vitalité et nous engageons dans la vie corps et âme. Et c'est seulement lorsque nous sommes pleinement engagés dans la vie que nous méritons de recevoir en partage le bonheur d'entretenir des relations profondes, pleines de sens. Et que l'amour peut alors s'épanouir.

Le fait de prêter l'oreille au message de votre signe astrologique, de votre « fl-âme », revitalise votre esprit et nourrit votre âme, affermit votre lien avec l'Infini. Votre soleil intérieur est la capsule contenant le sens et l'énergie de votre vie. Dans le zodiaque, le soleil, du moins dans ce système solaire, est l'étoile qui vous aide à naviguer.

3

Le côté lumineux et le côté sombre des signes du zodiaque

La clarté ne naît pas de ce qu'on imagine le clair,
mais de ce qu'on prend conscience de l'obscur.
— Carl Jung

Les signes du zodiaque constituent un ancien système de connaissance ayant pour but de saisir et de décrire les principes fondamentaux de la vie. Ce système a évolué et ne cesse d'évoluer. Les principes mis en lumière par les signes existent tant dans la nature qu'à l'intérieur de la psyché de chaque individu. Quelque part dans ces 12 divisions du zodiaque se trouve tout ce qui compose la vie. Les signes contiennent tout ce que nous savons du monde des mortels et une part de ce qui repose au-delà. On y trouve la passion et la sexualité venues de notre désir instinctif de nous fondre, pour mieux nous transformer et nous guérir (Scorpion et Pluton). On y trouve le besoin pressant d'être en sécurité, d'assumer nos responsabilités, de nous parfaire, de nous discipliner et d'accomplir une œuvre significative (Capricorne et Saturne). On y trouve le désir d'être en relation avec nos pairs, d'attirer et d'être attirant, de nous lier, d'apaiser les conflits, d'être justes et équilibrés (Balance et Vénus). On y trouve la soif de nous lier à quelque chose de supérieur — le mécontentement divin qui nous pousse à transcender, ou à fuir, les restrictions de la vie terrestre et à danser, créer, boire du vin ou nous plonger dans un film ou un roman (Poissons et Neptune). Tout ce que l'on peut imaginer se trouve dans l'un ou l'autre des 12 signes du zodiaque et de leurs agents planétaires.

Les 12 signes du zodiaque, ou les énergies qu'ils représentent, sont tous présents en chacun de nous, et chaque signe a ses qualités et ses défauts, son bon et son mauvais côté, son côté policier et son côté criminel. Tous sont, avec leurs forces et leurs faiblesses, des composantes de notre configuration psychique. Donc, nous ne sommes pas un « seul signe », notre signe solaire. Nous sommes les 12 signes, à différents degrés (en fonction de leur importance dans notre propre carte du ciel). Les 12 principes vitaux forment la psyché humaine.

Et le soleil ! Parlons-en. Le soleil nous donne vie. C'est notre étoile, dans ce coin de l'Univers, et il nous alimente, aussi bien physiquement que spirituellement. Notre signe solaire représente bien plus qu'un ensemble de traits de caractère. C'est l'énergie que consomme notre âme, dans cette vie, pour nous mener là où nous allons. Notre signe solaire est la source d'énergie de notre individualité.

Sur le plan ésotérique, le soleil de notre système solaire est un poste qui transmet les fréquences spirituelles (ou la conscience) émises depuis un soleil central. C'est une sorte de porte d'entrée « interdimensionnelle » pour les dimensions supérieures s'aventurant dans notre système. Il est intéressant de savoir que l'augmentation des flambées solaires des dernières années correspond exactement à l'élévation des températures mondiales. Il est logique, quand on y réfléchit, que le soleil soit impliqué dans le réchauffement de la planète.

Mais les conséquences que cela peut avoir sur le plan de la conscience sont moins évidentes. Bien des choses s'intensifient autour de nous. Ces fréquences, que le soleil reçoit, sont divisées et filtrées, ou raffinées par les diverses fréquences vibratoires des planètes et des signes zodiacaux. Les axiomes de l'astrologie, ne l'oublions pas, ont longtemps été bridés par ceux qui souhaitent nous assujettir en condamnant et en supprimant le savoir ésotérique.

(Soulignons que le christianisme s'enracine fermement dans les anciennes religions astrologiques, adoratrices du soleil, de Babylone et de l'Égypte ancienne. Donc, toutes nos fêtes chrétiennes sont en fait des fêtes astrologiques.)

Chaque signe dispose de sa propre trousse à outils, et on nous la donne pour que nous puissions atteindre les buts poursuivis par notre âme. Lorsque l'on embrasse sans réserve son signe solaire, on se sent plus vivant, plus dynamique ; on se sent authentique. À la base, notre passage dans cette vie doit s'exprimer extérieurement ou activement dans le monde, comme le décrit notre signe solaire. À la base, notre passage dans cette vie doit s'exprimer activement dans le monde extérieur, et cette expression est décrite par notre signe solaire. Si nous négligeons volontairement cette expression, nous nous faisons du tort. Les personnes qui ne dynamisent pas leur signe solaire, qui ne vivent pas consciemment selon les principes de ce signe, finissent par « tomber en panne de carburant ». Elles finissent par être à demi mortes quoique dans un corps encore vivant. Pour vivre pleinement la vie que notre âme a choisi de vivre, il nous faut alimenter notre soleil intérieur. Si nous y renonçons prématurément, nous commençons à mourir. Notre signe solaire nous indique le chemin de la vie ; c'est ce qui anime notre vie et vitalise notre cœur. Notre force vitale dépend de la fréquence à laquelle notre dialogue avec la vie permet à notre signe solaire de se manifester.

Le signe que traversait le soleil à notre naissance colore notre personnalité parce que, à l'instar du soleil de notre système solaire, il coordonne tout. C'est le centre de notre propre univers. En astrologie, on appelle le soleil l'« identité » ou l'« ego » – mais, en réalité, toute la carte est l'identité. Le soleil symbolise les principes avec lesquels nous sommes le plus en harmonie et auxquels nous nous identifions le plus. Ces principes, ce sont ceux dont l'Infini « savait » qu'ils nous seraient essentiels pour faire l'expérience de la vie, ou pour en tirer les leçons. Lorsque nous négligeons notre soleil, nous ne sommes pas honnêtes envers nous-mêmes. Nous manquons d'honnêteté parce que nous ne sommes pas sur la même longueur d'onde que notre cœur. Chaque signe a un côté sombre ; lorsque nous cessons d'être reliés à notre centre, à notre cœur, nous glissons dans l'obscurité. Mais lorsque nous honorons les principes de notre signe solaire, lorsque nous les exprimons pleinement à travers notre dialogue créateur avec la vie, nous atteignons la lumière et la vie ; nous jouissons d'une nature lumineuse, nous sommes alignés – notre personnalité sur notre cœur.

Nous avons été raccordés à la fréquence vibratoire de notre signe solaire dès notre naissance. Par exemple, si vous êtes du signe des Poissons, tout au long de votre vie vous ressentirez le besoin de découvrir différents états de conscience, le désir de vous unir à une instance « supérieure », une instance sacrée et plus raffinée. Vous aurez besoin de vous immerger régulièrement dans l'océan de la conscience universelle (par l'intermédiaire d'activités créatrices ou spirituelles). Sinon, quelque chose en vous s'éteindra lentement. Ce désir de vous unir à une instance spirituelle peut glisser vers l'obscurité et vous pousser à emprunter des raccourcis, le plus souvent par des drogues ou de l'alcool. Mais un natif des Poissons plus évolué ou plus «lumineux» accédera au sacré et à la conscience grâce à l'art, à la musique, à la danse et à la littérature – par une forme quelconque de créativité ou de fusion empathique et compatissante avec autrui. Le natif des Poissons le plus évolué prendra le temps de nourrir son âme par la méditation, des séjours dans la nature, la contemplation et l'immersion dans le mystère.

En astrologie, la lune symbolise les besoins inconscients (la nature lunaire, différente de la nature solaire), et ses principes agissent en coulisse. Dès notre plus tendre enfance, ils s'enfoncent et s'enracinent dans notre inconscient. Notre relation avec notre mère ou la personne qui a pris soin de nous s'y trouve, emmêlée aux fibres du cœur et de l'âme, formant le schéma qui définira nos besoins émotifs, notre désir instinctif de choyer ou d'être choyés tout au long de notre vie. Les soins, l'amour et les caresses que nous avons reçus – ou non – ressurgissent, lorsque nous devenons adultes, dans nos relations, et cela vient du côté lunaire de notre psyché. Les expériences de notre enfance s'intègrent à la matrice dont découle notre prise sur le monde, et toutes se trouvent dans notre psyché où elles sont représentées, comme par des rayons X, dans notre carte du ciel.

On comprend pourquoi les principes incarnés par les signes du zodiaque et leurs agents planétaires étaient considérés comme des dieux et des déesses par les anciens, qui connaissaient le pouvoir de ces archétypes cosmiques. Ce qui se trouvait là-haut dans le ciel se reflétait ici-bas, dans la psyché des hommes et des femmes. L'Univers a une âme, une âme présente à l'intérieur de chaque forme présente dans la nature. La carte astrologique dépeint le schéma de l'âme. C'est la représentation d'une disposition cosmique qui, comme on a pu l'observer à travers les âges, s'incarne et renaît dans la vie des individus.

Nous participons à ce grand jeu qu'est la vie, une vie gouvernée par les lois de la nature. Notre configuration astrologique recèle des dons qui, si nous en prenons conscience, nous permettent de vivre plus lucidement et de mystérieusement saisir quelle est notre raison d'être. Nous ressentons une grande joie à vivre pleinement, dans la conscience de l'Infini. Mais en l'absence d'une telle conscience, nos prédispositions se manifesteront d'une façon plus négative, ou plus sombre, et nous ne réaliserons pas le potentiel positif de notre configuration. Lorsque l'on s'insurge contre son destin, c'est qu'on ne comprend pas le potentiel qu'il possède. À mesure que l'on développe une relation avec l'Infini, on découvre que chaque pierre, chaque galet sur lesquels on bute sont en fait des diamants bruts. Les épreuves, les difficultés, les luttes et les souffrances ne sont en réalité que des strates accumulées sur notre âme pure, immaculée. Notre tâche consiste à faire la connaissance de notre âme et à vivre en exprimant le plus possible la personne que nous sommes censés être dans ce monde. Et nous sommes dans ce monde, en un mot, pour transformer l'inconscience en conscience.

Pour cela, il nous faut imposer le silence à notre ego, qui nous incite à vivre sur un plan horizontal, et prêter l'oreille à notre Moi supérieur. Les voies de l'âme ne sont pas toujours agréables. Nous devrons surmonter plusieurs obstacles, et nous aurons souvent le sentiment nous enliser dans le sable mouvant des trahisons douloureuses, des pertes et des changements de vie, sentiment qui nous poussera à ériger divers mécanismes de défense et de protection. Le défi, alors, consistera à démanteler ces mécanismes en dépit de notre propre résistance. Il nous faudra apprendre à démolir ce schéma fait de pensées cristallisées et de croyances erronées. Et nous devrons renoncer à notre besoin désespéré de tout maîtriser, et nous détendre, nous abandonner au plan supérieur.

Les voies de l'âme s'opposent très souvent aux voies de l'ego, à sa soif d'individualité, de sécurité matérielle, de statut et d'apparence. Le seul travail digne de mérite est celui qui nous rapproche de notre âme, nous fait la découvrir. Refuser d'entreprendre ce travail a des conséquences sur tous les aspects de la vie — physiques, émotifs et spirituels. Nous nous exposons alors à glisser dans un vide spirituel ; notre lutte incessante pour survivre, pour accumuler — pour nous mettre en « sécurité », nous, notre santé, nos relations — pourrait drainer toute la richesse et la profondeur de notre âme. L'âme sait que ce monde éphémère n'offre aucune sécurité. La seule véritable sécurité découle de la compréhension de notre participation à la conscience infinie et, par conséquent, de notre indestructibilité. Dans ce monde, tout est temporaire et éphémère. L'âme sait que la zone de confort érigée par l'ego (ou l'esprit) est l'endroit le plus dangereux. Et elle sait embrasser le changement, explorer de nouveaux territoires, tenter de nouvelles expériences, quitter les gens et rompre les relations qui drainent son énergie, se lancer dans une nouvelle carrière au mitan de la vie, faire preuve de courage devant l'adversité, se montrer honnête et intègre, être effrayée et agir en dépit de sa peur – voici les choix que nous devons faire pour jouir d'une vie pleine de sens. Et c'est ainsi que l'on vit lorsque l'on écoute la voix de l'âme, lorsque l'on obéit à notre cœur et non à notre esprit dominé par l'ego.

Pour devenir plus conscient, il faut tendre l'oreille aux propos de l'âme, aussi discrets soient-ils, qui passent par les sentiments et les intuitions (la « connaissance »). Il faut renoncer aux pensées parce que l'esprit est le véhicule de l'ego. L'esprit est destiné à servir l'âme, mais trop souvent, dans ce monde chaotique qui est le nôtre, c'est l'inverse qui se produit. L'esprit domine et étouffe la connaissance intérieure.

L'âme emprunte aussi la voix de l'ombre, ce côté de notre être que nous préférons ignorer et reléguer aux oubliettes de notre inconscient. L'ombre recèle des éléments personnels, érigés autour de souffrances passées (par exemple, celle de la mère qui vous aurait abandonné lorsque vous étiez enfant) et d'éléments collectifs, de peurs et de tabous universels, comme le vieillissement, l'abandon, la mort. Les relations offrent à notre côté sombre l'occasion parfaite de se manifester, car c'est là que nous projetons notre Moi inconnu. Notre psyché a recours à ce mécanisme pour « révéler notre côté sombre ». Nous découvrons notre côté sombre par l'intermédiaire de nos relations. Les relations sont au service de l'âme. Elles attirent notre attention sur cette part inconnue de nous-mêmes, ce qui est indispensable car, contenir cette obscurité – l'emmurer – accapare beaucoup d'énergie.

Nous devrions nous montrer reconnaissants envers nos relations, même celles qui nous font souffrir, car elles nous rendent plus conscients.

Notre tâche, dans ces relations, est de demeurer le plus conscient possible. Chaque sentiment intense, douloureux, nous indique qu'il reste du travail à faire. Personne n'a dit que ce serait facile. Mais le plus souvent, ces sentiments intenses sont ceux-là mêmes qui nous montrent la voie vers une conscience accrue. Ce sont les messagers de l'âme, ils s'efforcent d'attirer notre attention. Notre conjoint viendrait-il de s'emparer de notre sentiment d'insécurité ? Si oui, d'où vient ce sentiment ? De notre enfance, de cette vie ? Ou d'une vie antérieure ? Plusieurs de nos « thèmes » les plus intenses proviennent de vies antérieures, et c'est ce qui se produit lorsque nous éprouvons une émotion disproportionnée par rapport aux circonstances. C'est la preuve que nous devrons nous attaquer à ce thème et le résoudre dans cette vie. Seule la conscience peut nous guérir et nous soulager. Pour nous libérer de notre fardeau, il nous faut d'abord comprendre quel est notre karma. C'est tout un défi, car le chemin qui mène à la conscience est semé d'embûches. Mais une fois que l'on est conscient, que l'on comprend que l'on fait son propre malheur à cause de ce schéma, on peut choisir de lâcher prise et de réagir plus positivement.

Nous sommes faits à la fois de lumière et d'obscurité, parce que nous vivons dans la dualité de l'Univers. Chaque élément de l'Univers visible, matériel, conscient, a son contraire dans l'Univers invisible, inconscient. Chaque signe du zodiaque, étant un principe vital de base, peut se manifester en tout point du continuum, positif ou négatif – lumineux ou sombre, conscient ou inconscient. Le fait de découvrir quel est le point idéal – le but ultime –, ou l'expression la plus élevée du soleil dans notre signe, nous pousse vers la lumière. Et c'est ce que nous explorerons dans ce livre.

Après avoir exposé les côtés lumineux et sombres de chaque signe, nous explorerons les possibilités et le potentiel qu'il vous offre afin que vous puissiez devenir plus conscient et vous rapprocher de l'issue « spirituelle », lumineuse du continuum. Votre signe solaire deviendra ainsi une source de connaissance et un portail ouvert sur l'Infini. Le fait de découvrir l'essence de votre signe et d'utiliser ses symboles dans le monde extérieur permettra à votre âme de se manifester. En privilégiant une vie symbolique, vous vous épargnerez la confusion qui va de pair avec une « vie en surface ».

Si nous pouvions nous voir d'un autre œil, entretenir de nouvelles idées, repousser un tant soit peu nos limites mentales, qui sait quelle grandeur cela apporterait au monde ? La grandeur qui a toujours été la sienne ? Il suffit peut-être d'ouvrir les yeux pour le découvrir.

Nous avons rédigé la description des signes solaires en ayant à l'esprit l'existence d'un partenaire. Que ce partenaire soit votre âme sœur ou une nouvelle connaissance, le but est toujours de vous aider à mieux le connaître et donc, à vous rendre plus compatissant et plus tolérant envers lui. Comme nous l'avons dit, les relations sont l'un des principaux moyens qu'emploie la vie pour élever notre niveau de conscience en nous mettant en contact avec l'inconscient. Les relations sont essentielles parce qu'elles nous permettent d'accéder, si nous sommes suffisamment éveillés, à ce qui, en nous, a besoin d'être guéri. Rien ne guérit mieux que l'amour. L'amour est au service de l'âme. Nous ne pouvons nous connaître nous-mêmes dans l'isolement, nous avons besoin du regard de « l'autre » pour nous voir vraiment ; mieux encore, en nous unissant à l'autre, nous pouvons connaître la joie de l'Unité, la fusion de la polarité, l'extase du fusionnement total.

Les relations nous procurent de grandes joies et nous font de précieux cadeaux. Mais ce sont aussi les premières victimes de notre histoire inconscientes. Trop souvent, nous faisons porter à nos relations le poids de nos blessures inconscientes, les mettant ainsi en péril. Il est impératif, pour notre plus grand bienfait et celui de nos relations, que nous acceptions le fait que nous sommes responsables de nous-mêmes, de nos propres besoins émotifs et psychologiques. Pour cela, il nous faut sonder les profondeurs de notre cœur. Il nous faut croître et assumer la responsabilité de notre propre bien-être émotif et psychologique.

Il est parfois plus facile de voir certains traits de notre caractère par le regard de l'autre. En lisant la description de votre signe, il se peut que vous deveniez conscient de la façon dont l'autre, votre partenaire, vous voit. De même, l'objectivité de cette approche vous incitera à vous montrer plus sensible et plus compatissant envers vous-même. Nous éprouvons souvent de la difficulté à nous montrer aussi gentils, aussi indulgents envers nous-mêmes qu'envers les autres. Dans ce livre, je vous donne quelques conseils pour améliorer votre relation avec votre partenaire, quel que soit son signe. Le fait de comprendre ce qui motive ses comportements vous aidera à dépersonnaliser la souffrance qu'il vous inflige inconsciemment (s'il était conscient, il ne vous blesserait pas !). Lorsque nous y arrivons, les conflits s'apaisent, et la relation devient plus bienfaisante. L'amour devient une présence permanente et non plus un visiteur intermittent.

Souvent, ce qui est en cause, ce n'est pas nous, mais ce qui se passe dans la psyché de l'autre, son désir inconscient de combler des besoins tout aussi inconscients. Le fait de le savoir est un réel soulagement, mais il faut ensuite agir. Considérez donc les conseils que vous trouverez dans ce livre comme des panneaux indicateurs, des idées qui vous guideront sur la route déconcertante, excitante et souvent traîtresse des relations. N'oubliez pas que toutes ces choses servent l'âme. Autant la sienne que la vôtre.

> *La lutte pour la croissance n'est pas purement égoïste. Nos efforts sont aussi destinés à aider les autres, car en rejetant ainsi le confort psychologique, nous leur offrons un magnifique présent*[1].
>
> — James Hollis

Si vous êtes célibataire, j'espère que cette approche ne vous détournera pas du message que j'essaie de transmettre. Après tout, les relations n'occupent qu'une part de notre vie. Nous devons d'abord et avant tout nous engager envers nous-mêmes. Et notre vie, ultimement, est un voyage solitaire.

Encore une suggestion : si vous connaissez votre signe lunaire, ou celui de votre partenaire, lisez-le également. Bien que ce livre porte principalement sur les signes solaires et sur la nécessité d'en honorer les principes pour revitaliser la vie, le signe lunaire donne des indications significatives sur les besoins émotifs pressants et habituellement inconscients. Et, on le sait, les besoins émotifs sont de puissants moteurs en matière de comportement. Le fait d'en savoir plus sur le signe lunaire de votre partenaire vous sera utile.

Entreprenons donc notre exploration des signes. À la fin de ce voyage dans l'univers des étoiles, j'espère que vous ressentirez de la reconnaissance et de la compassion envers vous-mêmes, envers la personnalité avec laquelle vous devez composer, et envers votre mission (ou une partie de votre mission) sur cette terre, et envers votre partenaire.

Bélier

Le côté lumineux du Bélier

Le premier signe du zodiaque, le Bélier, est un signe de feu. Il constitue le point d'entrée de l'âme fraîchement incarnée, et il est ardent, passionné et pressé de mordre dans la vie et de survivre. Cette âme se lance dans un nouveau round, et comme la « jeune âme » dont elle est le symbole, elle est pleine d'assurance et prête à foncer dans la vie – tête baissée. Le Bélier apprend ce qu'est le courage. C'est son but ultime. L'énergie du Bélier est primale, instinctive.

Le stade de la vie auquel correspond le Bélier est celui du nouveau-né. Lorsque l'on ressent cette nouvelle et jeune énergie – gouvernée par Arès, le dieu de la guerre –, on ressent le Bélier sur le plan viscéral. Il est brut, non instruit, prêt à faire des expériences, audacieux, enthousiaste, sans peur. Il vient du cœur, de l'instinct – il est donc impulsif, pressé de vivre, assoiffé de vie. Son instinct de survie est puissant : voyez le nouveau-né, totalement occupé à survivre à l'extérieur du ventre maternel, il pleure, il veut être nourri, il veut qu'on prenne soin de lui, jusqu'à ce qu'il soit enfin capable de prendre soin de lui-même.

Prendre soin de lui est le point fort du Bélier. Il est prêt à se battre pour sa survie. Il affrontera tout ce qui s'opposera à lui ; il ne s'avouera pas vaincu. Il est courageux, énergique et passionné. C'est aussi un bébé. Il veut que les choses se passent à sa façon. L'énergie du Bélier clame « moi d'abord ». Cette âme n'est pas née pour accorder la préséance aux autres ; elle est née pour partir à la conquête de la vie avec courage, intensité et passion.

La vie avec un Bélier ressemble à un tour de montagnes russes, elle est pleine de rebondissements, d'imprévus excitants. L'énergie du Bélier est survoltée, impulsive et tournée vers l'extérieur. Entretenir une relation avec le Bélier, c'est entretenir une relation avec la force même de la vie. L'excitation, l'aventure surgissent de tous côtés ; les découvertes stupéfiantes, les voyages imprévus et les nouveaux départs sont fréquents. Le côté lumineux du Bélier est un don du ciel sous de nombreux aspects.

Le Bélier est un mélange d'innocence irrésistible... et d'égoïsme insupportable. L'homme, ou la femme, né sous ce signe est un enfant dans un corps d'adulte. Pas le moins du monde policé. Le Bélier est comme il est. Cette créature délicieuse est si pleine de vie qu'elle ne connaît pas l'ennui. Et si vous êtes son partenaire, oubliez la routine, si toutefois votre Bélier se souvient de vous inviter à la fête. En effet, il arrive que le Bélier soit si préoccupé de lui-même que, parfois, il ne songe même pas à vous inclure dans ses projets.

Tout Bélier peut se montrer impétueux. Et comme nous nous concentrons ici sur son côté lumineux, demandons-nous ce qui rend cette impétuosité si attirante, si revigorante. En gros, c'est parce qu'elle vient du cœur. Comme il

Voyez, j'ose tomber, et voyez, je me relève, et voyez je ne suis pas blessée au point de ne pouvoir essayer de nouveau.
— Diana Michener

est incapable de faire la différence entre lui-même et les autres, et de prévoir, le Bélier, lorsqu'il aime, aime de tout son cœur, sans lésiner, avec confiance et générosité. Le Bélier montre en amour une spontanéité désarmante, époustouflante, énergisante et convaincante. Lorsque son cœur est pris, le Bélier exprime son amour sans réserve. Il sera le premier à téléphoner, le premier à proposer un rendez-vous, le premier à apporter des fleurs, des présents et des billets pour un événement amusant ou une lointaine destination. (Il sera aussi le premier à défendre son indépendance, à commencer une querelle…)

Si vous entretenez une relation avec un Bélier, il vous faudra apprendre à vous montrer aussi honnête que lui. (Mais vous hésiterez sans doute à être aussi abrupt.) Le Bélier apprécie une approche pleine de bons sens, directe, franche. Inutile de tourner autour du pot. Attendez-vous, toutefois, à ce qu'il se lance dans une dispute juste pour le plaisir. Le Bélier voit la vie comme une compétition – et il entend gagner. Donc, donnez-lui-en pour son argent puis lâchez prise. S'il a l'impression d'avoir gagné, il sera heureux. Qui vit avec un Bélier apprendra tôt ou tard à mettre sa fierté de côté, du moins si cette personne veut préserver sa relation avec lui. Sinon, elle passera son temps à lécher les blessures infligées à son ego. D'habitude, il est moins dommageable de combattre vaillamment et, surtout, de savoir quand battre en retraite. Le Bélier doit vaincre et, dans la bataille, il sait se montrer totalement impitoyable et déterminé.

Le Bélier est plus courageux que quiconque. L'enfant de Mars, dieu de la guerre et planète du Bélier, se bat comme il respire. L'absence innée de la peur est la plus grande de ses qualités. Les natifs de ce signe ont la faculté de se relever après chaque défaite. Aucune forteresse n'est imprenable, aucune montagne trop haute, aucun défi trop grand. Le Bélier n'a pas de limites. Tout lui semble possible. Et lorsque la vie le met à genoux, il se relève et recommence, comme un bébé qui apprend à marcher. Aucune défaite ne lui paraît digne de l'empêcher de faire une autre tentative. Le reste du monde, éperdu d'admiration, souhaiterait avoir la moitié de sa ténacité.

Sur le plan des relations, le courage du Bélier rend la vie constamment excitante, en mouvement, ouverte à la nouveauté. Votre Bélier vous amènera en expédition jusqu'au bout du monde, en quête d'aventures. C'est une noble quête. C'est la quête d'un esprit qui est venu sur terre avec la mission de savourer tout ce que la vie propose, le plus vite possible ! Le Bélier peut paraître égocentrique, mais ses aspirations sont authentiques. Elles découlent du désir de vivre pleinement, et d'en avoir la liberté. Il faut du courage, car cela implique de renoncer à ses habitudes, à la sécurité. Le Bélier n'est pas du genre à s'installer dans le confort. S'il s'y résignait, il ne pourrait plus escalader des montagnes, ériger des empires financiers, ou devenir une vedette du sport. Le confort est l'antithèse de la liberté chère au cœur du Bélier. Et, pour lui, liberté rime avec survie. En l'absence de l'une, l'autre est en péril.

Le Bélier est le premier signe du zodiaque ; puisqu'il est le premier, il entend le demeurer. Chez le Bélier, la volonté de remporter la compétition est pure, brute. Mars confère à ses natifs le don inné de foncer tête baissée dans la vie. D'ailleurs, la tête est la partie du corps que gouverne le Bélier. Celui-ci se blesse à la tête plus souvent qu'à toute autre partie du corps. *Têtu* est un mot qui convient parfaitement au Bélier et qui désigne l'un des traits fondamentaux de son caractère.

Il est rare qu'un Bélier tente d'échapper à la vie. Comme il est si intensément préoccupé par ses propres aventures, il vit pleinement. Tête brûlée, impulsif, spontané, il éprouve le besoin pressant d'explorer ce monde fascinant, de le défricher.

Mars étant la planète de l'agressivité et de la compétition, il n'est donc pas étonnant que les natifs du Bélier aient tendance à être par nature de grands sportifs. Le Bélier éprouve d'instinct le désir de se colleter avec les autres — et, considérant son énergie bouillonnante, le sport est pour lui un exutoire évident. Le Bélier (ou du moins Mars) joue un rôle de premier plan chez les plus grands athlètes — et la plupart des natifs du Bélier sont naturellement doués sur le plan sportif, même s'ils choisissent de ne pas développer leurs dons sur le plan compétitif.

Seul un partenaire aussi résolu que lui à foncer dans la vie tête baissée peut être à la hauteur du courage du Bélier. Enfin, presque aussi résolu. L'esprit de compétition du Bélier le pousse à faire front en toutes circonstances, ce qui signifie qu'il faudra affronter les problèmes aussi bravement que lui. Le Bélier exige une relation solide, avec un partenaire qui n'hésite pas à embrasser la vie avec enthousiasme et impulsivité. Si ce n'est pas le cas, si vous n'êtes pas fait ainsi, votre Bélier va disparaître. Son corps sera peut-être là, mais son esprit vous aura quitté et laissé derrière. Et soyez certain que son corps finira par suivre. N'allez pas croire que le Bélier arrêtera de vivre pour vous attendre. Ou vous êtes entièrement avec lui, ou vous êtes entièrement sans lui.

La faculté qu'a le Bélier d'aller de l'avant et de ne pas tenir rigueur implique qu'il ne rechigne pas à l'idée de recommencer. C'est une grande vertu en matière de relation, une vertu qu'il faut chérir et estimer à sa juste valeur. L'ego du Bélier est capable d'encaisser les coups puis de se ressaisir et de se remettre en branle. Il peut lui arriver d'aller lécher ses plaies dans un coin, mais cela ne dure pas longtemps. Le Bélier a le talent remarquable de vivre dans le moment présent, ce qui lui permet d'avoir le potentiel, tout au long de sa vie, de se transformer et de recommencer. La notion que chaque instant recèle en lui le germe d'un nouveau départ est une notion très Bélier. Chaque jour est le premier jour du reste de votre vie ; nul ne le sait mieux que le Bélier.

La vie avec un Bélier pleinement conscient est incroyablement vibrante, si toutefois on se souvient de ne pas se montrer plus obstiné que lui. Il faut plutôt accorder au Bélier la liberté dont il a besoin pour être lui-même, pour s'épanouir pleinement. Enchaînez-le à des liens émotifs, et tout le monde y perdra. Il a besoin d'obéir à ses impulsions, et si vous lui en laissez la liberté, il vous aimera sans penser au lendemain. N'oubliez pas qu'il vit dans le *présent*, et que c'est donc là qu'il faut être.

L'amour, la joie, la passion et l'aventure ne peuvent s'épanouir que dans l'instant présent. Ne résistez plus, soyez permissif. Votre conjoint est un pionnier, c'est sa raison d'être. Le Bélier vous montrera ce qu'est l'aventure, si toutefois vous êtes capable de suivre son allure.

Le Bélier doit alimenter son soleil par le courage. L'âme qui naît sous le signe du Bélier est ici pour apprendre à faire preuve de courage, à agir quelle que soit sa peur. Ce n'est pas qu'elle n'aura pas peur ; il s'agit pour elle de ressentir la peur et d'agir en dépit d'elle. L'âme du Bélier doit vivre dans l'action… comment peut-on faire preuve de courage si l'on ne s'engage pas à vivre ? Rester à la maison et regarder la télé, ou accomplir jour après jour un travail répétitif empoisonne lentement cette âme qui s'est réincarnée pour défricher et employer toute l'expérience accumulée au fil de ses vies antérieures à créer quelque chose de neuf. L'esprit de pionnier du Bélier doit être nourri afin que cette âme ait le sentiment de vivre pleinement. Sa force de vivre se disperse lorsqu'il ne peut pas être en tête. Ce n'est pas un suiveur, mais un meneur. Pour être plein de vie, de vitalité et d'énergie, le Bélier doit chaque matin, à son réveil, se comporter en Bélier. Bouger, agir, foncer tête baissée dans la vie. Le Bélier doit relever de nouveaux défis sur une base régulière. La fonction solaire du Bélier est à son mieux lorsqu'elle se manifeste hardiment dans le monde.

Le côté sombre du Bélier

Le côté sombre du Bélier peut être impressionnant, ce qui est peu dire. Prenez garde : le Bélier n'aime pas qu'on lui dise quoi faire ! Obstination ? Oui, au maximum. C'est le genre de personne capable de vous crier après dans un accès de colère et de grande fureur, de vous rabattre le caquet d'une répartie cinglante, de vous figer sur place d'un seul regard courroucé. Et tout cela, à cause d'un petit *non*. Il faut toujours faire montre d'une extrême prudence lorsque l'on s'oppose aux souhaits du Bélier. Si vous avez lu les pages précédentes, vous savez que le Bélier a pour instinct primaire le désir de liberté. Liberté d'action, de pensée et d'expression. Le Bélier a besoin de cette liberté parce qu'il doit, dans cette vie, être entièrement capable de vivre sans contraintes et dans l'instant présent. Le Bélier veut prendre toute la place dans la vie. Que le ciel vous protège si vous tentez de contrarier ses desseins.

N'oubliez pas que son dieu est Arès, le dieu de la guerre. Arès, gouverné par Mars, la planète responsable de l'affirmation de soi, de la lutte, du courage et de l'agressivité, est un guerrier dans l'âme. Ce guerrier peut emprunter les traits d'un jeune homme doux et souriant, d'un séduisant mannequin vedette ou de la gentille voisine. Mais ne vous leurrez pas : ce sourire chaleureux cache une volonté de fer. Le Bélier n'a pas la moindre intention de renoncer à ses désirs, pour rien ni personne.

Les termes *compromis, accommodements, coopération* ou *au nom de la paix* ne font pas partie du vocabulaire du Bélier. Le Bélier exposera ses idées sans détour. Vous ne lui avez pas demandé son avis ? Tant pis, il vous en fera part quand même. Si vous n'êtes pas d'accord, sachez que le Bélier est un maître en matière d'argumentation. Je peux vous assurer que vous finirez par plier. (Sauf, bien entendu, si vous êtes vous-même un Bélier.) Le Bélier criera plus fort, proférera plus d'obscénités, aura l'air d'en savoir plus long et vous assommera à coup d'arguments apparemment plus intelligents, tout ceci dans le but d'en arriver à ses fins. Ces dernières tiennent parfois en ces quelques mots : « J'ai raison, tu as tort. » Que faire ? Il faudrait que vous disposiez d'un formidable arsenal de techniques argumentatives pour l'emporter sur un Bélier. Il faudrait que vous gardiez la tête froide. Il faudrait aussi que vous ayez l'énergie et la volonté de poursuivre le combat. Et sur le champ de bataille, le Bélier l'emporte toujours. Donc, pourquoi même essayer ?

Sur plusieurs plans, votre relation avec un Bélier, aussi excitante soit-elle, risque de vous briser le cœur. Nous avons tous besoin d'avoir le sentiment que nous sommes en relation avec la personne que nous aimons. Avec le Bélier, c'est un sentiment que l'on n'a pas souvent — celui d'être en relation, s'entend. Le mot *relation* appartient au vocabulaire de la Balance, et dans le zodiaque, le Bélier est diamétralement à l'opposé de la Balance. Ce qui implique que la notion de relation, celle de prendre en considération les besoins d'autrui, de faire des compromis, des accommodements, de coopérer, n'est pas innée chez le Bélier. On ne peut qu'espérer que le savoir vous aidera. Autrement dit, il ne s'agit pas de vous ! Ce n'est pas votre faute. Comme toujours avec le Bélier, il s'agit exclusivement de lui !

L'ego du Bélier veut satisfaire son besoin de liberté et d'indépendance, défendre sa personne et sa survie matérielle, vivre pleinement et goûter à tout ce que la vie offre, et ce, dans le but de se connaître lui-même. Comme ce besoin domine le caractère du Bélier (et ce besoin est très fort chez quiconque ayant son soleil en Bélier), tous les principes qui contrarient ses désirs, comme se montrer accommodant envers autrui, lui sont difficilement accessibles.

Par conséquent, composer avec une telle dose d'égocentrisme constitue sans doute l'aspect le plus ardu de toute relation avec un Bélier. Aux yeux du Bélier, ses désirs l'emportent sur tout. Cela implique que même vous venez en second ! C'est peut-être difficile à accepter, mais il est préférable de le savoir dès le début. Ce qui ne veut pas dire que le Bélier ne vous aimera pas, mais juste que ses besoins, ses volontés et ses désirs seront toujours prioritaires.

Le profond égocentrisme du Bélier se manifeste souvent sous forme d'impulsivité. L'énergie du « moi d'abord » n'est jamais bien loin. C'est « à ma façon ou pas du tout », et le Bélier n'hésite pas une seconde à le faire savoir. C'est parfois difficile de partager la vie d'une personne qui fulmine sans arrêt — offensant quiconque se trouve à portée de voix, cultivant des relations orageuses avec les amis et la famille — et d'être obligé de rester là, impuissant. Vous aurez envie de rentrer sous terre en voyant les autres tressaillir sous l'attaque vive et cruelle du Bélier, ou

> *Les gens qui tentent d'organiser notre vie à notre place nous mettent en colère.*
> — Diane Wakoski

être embarrassés de l'entendre parler sans fin, comme il sait si bien le faire, de lui et de sa vie.

Il vous arrivera de jouer au médiateur plus souvent que vous ne le souhaiteriez. Vous risquez de récolter de l'animosité, et vos relations pourraient en souffrir – souvent vos relations avec des êtres chers. Le Bélier n'est pas doué pour les relations publiques et, en tant que son partenaire, il vous reviendra d'adoucir les angles ou de souffrir en silence. D'une façon comme de l'autre, c'est difficile.

Dans cette vie, le Bélier doit, entre autres défis, se montrer courageux. Comme nous l'avons expliqué, le courage est inné chez les natifs du Bélier – mais on ne peut présumer que, à un niveau plus profond, c'est toujours le cas, ni que chaque Bélier est par nature courageux. Le courage est une force et, comme toute force, il faut s'en occuper. Ce qui veut dire que le Bélier doit prendre ce courage instinctif et le développer pleinement. En d'autres mots, il doit affronter sa peur, la ressentir et agir en dépit d'elle.

Si vous êtes un Bélier, vous saisissez très bien ce que je viens de dire. Vous seul savez à quel point vous êtes effrayé parfois. Vous croyez peut-être ne pas être courageux du tout. Mais en fait, vous l'êtes, ou pourriez l'être. C'est l'un des cadeaux que vous fait votre signe solaire, et il vous le remet dans un but précis. Vous êtes un pionnier, un défricheur – et à cette fin, vous avez été doté de beaucoup de courage.

Si vous entretenez une relation avec un Bélier, l'effarante témérité de votre partenaire vous impressionne sans doute. Sachez cependant que sous ses dehors de héros de film d'action, il est possible que votre Bélier redoute la vie plus qu'il ne paraît. Il sait se montrer brave et sans peur, mais dans le fond, c'est une boule de nerfs.

Il importe que vous le sachiez si vous entretenez une relation avec un Bélier, car cela vous permettra de l'aider grandement. Vous pouvez l'aider à apaiser sa peur en le calmant dès qu'il commence à paniquer — vous le ressentirez, mais le verrez rarement. La panique cause la perte du Bélier. Elle risque de lui faire obstacle, de se dresser sur le sentier qu'il doit emprunter pour vivre sa vie et s'accomplir. Il doit avoir foi en lui, et il doit pour cela terrasser le dragon de la peur. Sa mission, s'il l'accepte, est de surmonter tous les obstacles, d'être le grand guerrier de l'esprit, ce qui représente son plus grand potentiel. Lorsqu'il aura enfin conquis sa peur, il deviendra une étoile filante, rien ne pourra l'arrêter. Il peut tout accomplir, il n'a pas de limites lorsqu'il surmonte sa peur, et qu'il a une foi entière dans son propre pouvoir.

Compatibilité

Si vous êtes vous-même un signe de feu, votre vie avec un Bélier sera pleine et passionnée, c'est-à-dire ardente, exubérante et mouvementée… deux âmes de feu ne vont pas gaspiller leur vie. Vous serez capables de suivre le rythme de l'un comme de l'autre et de vous contester mutuellement, puisque vous vivez à fond ensemble. Prenez garde de vous brûler l'un l'autre. Prenez garde à l'entêtement ; il faut savoir lâcher prise à l'occasion, et ces occasions risquent d'être plus fréquentes que vous ne le souhaiteriez l'un comme l'autre. En effet, ni l'un ni l'autre ne dispose d'une réserve inépuisable de patience.

Si vous êtes un signe de terre ou d'air, votre Bélier va vraisemblablement représenter un vrai défi du début à la fin. Telle est la nature d'une relation flamboyante. Mais comme vous avez aussi un peu de feu dans votre propre nature, vous serez capable de jouer son jeu. Votre solidité de terrien vous sera précieuse ; vous avez assez de résilience pour tenir tête à son obstination, de détermination et de force pour rester dans la course, en dépit de ses brusques changements d'idée et d'humeur. Sur le plan verbal, sachez que le signe d'air en vous est un adversaire digne de ce nom, si jamais vous décidiez de vous engager dans la bataille. Usez de votre remarquable intelligence pour savoir quand il faut le défier et quand il faut vous retirer.

Enfin, si vous êtes un signe d'eau — l'Univers vous donnera ici de grandes leçons. Ensemble, le feu et l'eau produisent de la vapeur. Prenez garde. Mais ne ratez pas l'occasion. Ça ne durera sans doute pas longtemps, mais vous avez beaucoup à apprendre du feu primal du Bélier. Surtout en ce qui a trait à la notion de sacrifice de soi dans une relation, tant pour le Bélier que pour vous. Quand donner devient-il excessif ? Quand le fait d'être égocentrique finit-il par faire déborder le vase ?

Conseils pour améliorer votre relation

Accordez à votre Bélier la liberté fondamentale dont il a besoin pour vivre comme il l'entend. Acceptez le fait, dès le début de votre relation, que son désir de faire les choses à sa façon est inébranlable, et que toute tentative de votre part de contrecarrer ce désir ne réussira qu'à engendrer du malheur, voire une rupture. Essayez de respecter votre partenaire en vous retirant et vous montrant tolérant. Il faut pour cela être doté d'une très grande force d'âme. Pour la plupart, nous projetons dans notre relation nos propres besoins, qui sont d'habitude fondés sur notre soif de sécurité. Nous voulons qu'elle nous apporte un sentiment de sécurité, de continuité. Mais il y a une distinction subtile entre le besoin d'être en sécurité et celui d'imposer ses vues à son partenaire. Si celui-ci est un Bélier, vous n'y arriverez pas. La plupart du temps, le Bélier est trop occupé à être un pionnier dans cette vie pour être capable de reconnaître vos besoins. Donc, il vous faudra être fort, indépendant, compétent et performant si vous voulez entretenir une relation durable avec un Bélier. Il ne tolérera pas le moindre signe de dépendance. Il en profitera pour vous dominer puis, finalement, par vous laisser tomber.

Si vous souhaitez que votre relation fonctionne et soit supportable, vous devrez renoncer à toute envie de changer ou de contrôler votre Bélier. Il serait préférable que vous l'écoutiez, l'encouragiez et le souteniez, preniez part à ses plans et à ses missions, vous montriez enthousiaste et excité à l'idée de l'accompagner, et soyez là aussi souvent que possible, tout en ayant votre propre vie, en poursuivant vos propres intérêts et en cultivant vos propres amitiés. La vie avec un Bélier réserve de nombreux moments de solitude, et vous devez donc être capable de les meubler par vous-même.

Un tel partenaire est susceptible de favoriser grandement la croissance de votre âme, à condition que vous l'acceptiez, en raison même de ce fort besoin de vivre dans l'indépendance. L'indépendance l'emporte sur la relation. C'est, en quelque sorte, un excellent moyen d'établir une relation équilibrée, saine. À la condition toutefois que, vous, conjoint d'un Bélier, puissiez renoncer au besoin d'être au sommet, en tête de liste. Pour le Bélier, vous le savez désormais, seul lui-même occupe la première place !

Taureau

Le côté lumineux du Taureau

Faisons maintenant la connaissance du deuxième signe du zodiaque, et du premier signe de terre, un signe de terre fixe. Chez le signe de terre fixe, l'énergie est plus lourde, plus solide, physique et stable que le feu du précédent Bélier. L'âme qui entreprend une vie placée sous le signe du Taureau veut la paix, encore la paix et toujours plus de paix. La paix de la nature. La sérénité est le but ultime du Taureau.

Cette âme a besoin de palper le tissu du monde tangible, matériel. Elle tient à ce qu'elle possède et à ce qu'elle sait – pour sentir la stabilité, la solidité, les bases du monde matériel. Le nouveau-né est désormais un jeune enfant : il s'intéresse aux objets et à leur durabilité. Il a besoin de jouir de la sécurité et de la stabilité de ce qu'il connaît, de ce qu'il peut toucher, sentir, tenir. Pour le Taureau, la vie est une expérience matérielle, et rien ne lui importe plus que le confort et la sécurité du monde matériel, que le plaisir des sens et la sérénité de la nature.

> *Voyez comme je suis calme… ma voix exprime une patience infinie, elle est douce, jusqu'à ce qu'on me résiste.*
>
> — W. S. Merwin

L'image qui représente bien la relation amoureuse avec un Taureau est celle d'un couple blotti l'un contre l'autre au coin du feu par un soir de tempête : dehors, il fait froid, mais à l'intérieur tout est confort, ravissement des sens, et sécurité. Il y a de quoi bien manger et bien boire, et le doux contact de deux corps aimants.

La vie avec un Taureau peut être ainsi : sûre, réconfortante, sécuritaire.

Tous les signes cherchent à équilibrer en quelque sorte le signe qui les précède, et après la vie folle, frénétique et fonceuse du Bélier, l'âme du Taureau a soif de paix : de paix, et de la sécurité et du confort qu'apportent les choses familières — et des plus grands plaisirs du monde matériel.

Le Taureau travaillera dur pour vous offrir les choses les plus raffinées parce qu'il les désire pour lui-même. Tout au long de sa vie, le Taureau recherchera le plaisir — nourriture raffinée, résidences magnifiques, voitures luxueuses (en fonction de son budget). La beauté sous toutes ses formes — un amoureux, un tableau, des vêtements griffés, une belle maison décorée avec goût — occupe une place importante dans la vie du Taureau. Outre le plaisir, le Taureau recherche la sécurité. Et cela implique la sécurité financière.

Vous devrez accepter d'être souvent séparés, à cause des nombreuses et longues heures de travail supplémentaires, surtout durant votre jeunesse. Mais cela pourrait en valoir la peine parce que votre Taureau est en train de jeter les fondations propres à lui assurer du confort et de la sécurité durant son âge mûr. À la condition, bien sûr, que vous soyez encore avec lui. Votre Taureau est si préoccupé par l'idée « d'assurer sa sécurité » qu'il n'envisage même pas la possibilité que vous puissiez ne plus être là. Toujours est-il que si cela vous réjouit de savoir quel sera l'avenir de votre relation, une relation assurément « sans surprises », avec une personne capable de prendre en charge le côté pratique des réalités de l'existence mieux que quiconque, vous serez parfaitement heureux avec votre Taureau — homme ou femme — et, oui, il se peut fort bien que vous demeuriez à ses côtés et que vous partagiez la vaste demeure et toutes les obligations inhérentes à un style de vie matérialiste, et que vous jouissiez des bonnes choses de la vie pendant des années.

Votre Taureau vous apportera un sentiment de sécurité grâce à sa grande habileté à s'occuper des aspects pratiques de la vie. Nous voulons, pour la plupart, l'impression que notre relation a un avenir ; qu'elle durera. Nous aimons aussi savoir que nous avons un partenaire qui nous aidera à assurer notre sécurité. Le Taureau est la sécurité incarnée. Non seulement le Taureau navigue expertement dans le monde matériel, mais il a aussi tout ce qu'il faut pour continuer sur sa lancée. Contre vents et marées, il restera à la barre. Quelle que soit sa tâche, le Taureau la poursuivra jusqu'au bout, quels qu'en soient les bons et les mauvais côtés, les hauts et les bas. Qu'il s'agisse d'un travail ou d'une relation, le Taureau n'abandonne pas aisément. Et pourquoi ? Parce que le Taureau recherche la sécurité que lui procurent la familiarité, la prévisibilité, le connu. Son ego ressent le besoin pressant et primordial de trouver la sécurité et la paix.

La planète du Taureau est Vénus. On sait que celle-ci est associée à l'amour et à la beauté. Ce qu'on sait moins, c'est que Vénus (étant l'agent planétaire du Taureau) est aussi la planète qui comble notre besoin de sérénité, de confort, de plaisir et de sécurité. Le Taureau étant gouverné par Vénus, les natifs de ce signe solaire aspirent fortement à tout ceci. Chez le Taureau, le désir d'être en sécurité, de vivre dans l'aisance, de jouir des plaisirs terrestres obéit à un besoin primaire. L'accumulation de possessions et d'argent répond à ce besoin. La sécurité financière sert deux objectifs : elle assure la sécurité en général et elle achète les biens et les services qui apportent du confort et du plaisir.

Donc, vous êtes prévenu : cette quête accaparera votre conjoint Taureau qui voudra augmenter ses possessions dans le but de se sentir en sécurité. Il y a forcément un revers à cette médaille, mais nous y reviendrons lorsque nous parlerons du côté sombre du Taureau. Mais l'avantage est qu'avec un Taureau comme partenaire, vous ne manquerez de rien sur le plan matériel. Le conjoint natif du Taureau, même s'il ne pourvoit pas de l'argent (mais la plupart le font), vous apportera de nombreuses satisfactions. Véritables cordons-bleus, ils ont le chic de transformer le repas le plus banal en délice pour gourmet, et avec peu de moyens.

Comme ils sont très sensibles aux choses du corps, lorsqu'on en vient à cet aspect de votre relation, eh bien, ce sera aussi agréable que possible. La sexualité dépend, bien entendu, de la dynamique entre deux personnes, mais en ce qui la concerne, la femme Taureau est une bête de sexe voluptueuse. Et les hommes sont plutôt ardents eux aussi !

Mais au-delà de ces considérations, votre conjoint Taureau – femme ou homme – possède les ressources pour vous entourer de sécurité. En réalité, tous les Taureau ne deviendront pas millionnaires. Plusieurs d'entre eux sont trop occupés à paresser pour s'engager dans un tel cirque. Mais même si l'argent se fait rare, votre conjoint Taureau — s'il est un vrai Taureau — réussira d'une façon ou d'une autre à vous donner le sentiment d'être en sécurité, calme et douillettement installé. S'il est sans emploi ou n'a pas un revenu élevé, son calme et sa sérénité vous mettront du baume au cœur. En outre, il saura créer, construire, faire des choses — plusieurs Taureau sont d'habiles artisans — et vous découvrirez que ce qui importe, c'est le voyage, pas la destination. Jour après jour, votre Taureau fera de votre vie commune une oasis de confort, de plaisir et de sécurité au cœur de la frénésie qui s'agite à l'extérieur.

Le Taureau doit alimenter son soleil intérieur par la sérénité. L'âme du Taureau aspire à une vie paisible. Pour nourrir la flamme de son esprit intérieur, cette âme doit se rapprocher de la nature, y passer du temps, être calme et lent. Le Taureau est sur cette terre pour connaître le monde matériel, profiter de ses richesses et de ce qui le compose, jouir de ses sens. Le Taureau doit alimenter son esprit, son soleil intérieur, en ralentissant.

Paradoxalement, le fait de vivre dans la sérénité donne de l'énergie à son âme. La sérénité permet au Taureau d'accéder à son Moi supérieur et de créer, dans le monde, des formes ayant un sens, de la force et de la beauté.

Le côté sombre du Taureau

Par nature, la vie est mouvement, croissance, changement. À défaut, elle devient stationnaire, nous nous atrophions, nous nous ennuyons à mourir, et nous nous cantonnons dans une zone de confort qui finit par être une cage dorée. Ce triste état est le leurre du côté sombre du Taureau. Vivre ainsi – une vie si terriblement sûre, privée de changement qu'elle en devient une prison de prévisibilité (et qui plus est, terriblement, terriblement ennuyeuse) – est le sort qui guette le sombre Taureau. Pour le Taureau, le changement n'est pas gage de sécurité.

Si vous entretenez une relation avec un tel Taureau, il se peut que vous adoriez dans un premier temps le confort chaleureux qu'il vous procure. Cela vous réconfortera, surtout si vous sortez à peine d'une relation tumultueuse. Faire la connaissance et devenir amoureux d'un Taureau, c'est comme toucher la terre ferme. Ah ! Que c'est bon ! Vous voici sain et sauf, chez vous. Vous vous sentez tellement en sécurité que vous en remerciez le ciel et jurez de ne jamais partir. La maison est douillette, la nourriture excellente, et les rapports sexuels incroyablement… charnels !

Mais avec le temps, il se peut que vous appréciiez nettement moins la rigidité de votre conjoint Taureau. Il y a là une résistance qui ressemble à un très gros bloc de béton bien compact. Dès que vous proposez un changement, même infime, vous récoltez un silence buté ou un refus entêté. Si vous allez de l'avant et procédez à ces changements, préparez-vous à essuyer une tempête d'une grande agressivité lorsque le tempérament légendaire du

Taureau entrera en éruption depuis les profondeurs de ce caractère apparemment calme – fureur qui n'est pas sans rappeler celle du taureau dans une corrida. Ce taureau auquel vous vous êtes lié se révélera être un formidable adversaire si jamais vous êtes d'humeur à contrarier ses désirs. Votre Taureau est sorti de sa torpeur parce que votre envie de changement a ranimé une peur innée chez lui. Il a besoin d'être en sécurité.

Ce côté sombre se manifeste uniquement lorsque le besoin naturel qu'a le Taureau de chercher et d'assurer sa sécurité se trouve menacé. Tout ce qui est nouveau et inconnu risque de raviver ses peurs.

La fermeté, c'est une admirable qualité chez soi-même et le signe d'un entêtement détestable chez les autres.

— Anonyme

Comme chez tous les signes, la frontière est floue entre la satisfaction naturelle du besoin primaire (ici, la sécurité) et ce besoin poussé à l'excès et devenant dysfonctionnel. Le côté sombre du Taureau est sa résistance, une résistance carrément opiniâtre, tenace, immuable. Cela peut devenir infernal, et la seule solution consiste à vous montrer aussi conciliant et souple qu'il est rigide, car deux personnes rigides ne s'entendent pas très bien. L'un d'entre vous doit apporter une énergie nouvelle et de l'ouverture, à défaut de quoi vous sombrerez tous deux dans une mare de béton liquide – qui finira par durcir et, tôt ou tard, par se fissurer sous l'effet de la pression intérieure : celle issue du besoin insatisfait de changer et de croître, de s'adoucir et de suivre le cours de la vie.

Heureusement, inspiré par votre exemple, votre conjoint Taureau en arrivera à saisir que le changement n'est pas toujours aussi terrifiant qu'il ne le craint. Allez-y en douceur, toutefois. N'espérez pas que votre idée de tout emballer et de déménager outre-mer recevra son approbation enthousiaste ! Seul un Taureau très évolué, et dont la carte du ciel renferme une bonne dose d'éléments ouverts au changement (Poissons, Sagittaire, Gémeaux — en lune ou en ascendant) peut se montrer favorable à cette sorte de perturbation. L'obsession que nourrit le Taureau pour la stabilité à tout prix est dotée de plusieurs tentacules venimeux.

Sur le plan interpersonnel, cette tendance peut prendre la forme d'une profonde intolérance envers tout changement chez autrui. Par nature, la vie est croissance et changement, et cela s'applique à chacun de nous — nous évoluons au cours de notre vie. Dans nos relations aussi nous évoluons, et cette évolution, somme toute bien normale, peut représenter une grande menace pour le Taureau.

Ce signe est le deuxième du zodiaque, et il fait partie d'un groupe de signes connus sous le nom de « signes personnels ». Comme le nom l'indique, ces signes (Bélier, Taureau, Gémeaux et Cancer) cherchent d'abord à combler leurs besoins personnels (contrairement aux signes sociaux et universels qui les suivent). Ils peuvent se montrer égoïstes et enfantins quand vient le temps de satisfaire leurs propres besoins, et sont capables de faire passer leurs désirs en premier, sans considération pour autrui. Maintenant, n'oubliez pas que nous avons tous de la graine de Taureau (et de Bélier, de Cancer et de

Gémeaux) dans notre carte du ciel, et donc que nous sommes tous plus ou moins (en fonction des planètes qui occupent ces signes dans notre carte) enfantins et égoïstes. Nous parlons ici du signe solaire du Taureau, ce qui implique que les principes du Taureau caractérisent fortement sa personnalité. Cependant, loin de nous l'idée de suggérer que les natifs de ce groupe sont forcément plus égoïstes que, disons, les natifs du Scorpion. Nous disons simplement que l'instinct premier de ceux qui sont nés avec le soleil en Taureau est de satisfaire d'abord leurs propres besoins.

De plus, à cause de son grand souci de stabilité, le Taureau peut ne pas laisser les autres agir à leur gré. Et nous parlons ici de changements qui font naturellement partie du cycle de vie. Il est alors vraisemblable qu'un Taureau inconscient non seulement détestera vous voir croître et changer, et qu'il y opposera une vive résistance, mais que cette résistance se manifestera de façon très enfantine et égoïste. C'est le côté sombre de la sécurité et du confort du Taureau : « Non ! Tu n'as pas le droit de changer ! Je veux que les choses demeurent comme elles sont ! » Il protestera, boudera, lancera ses jouets à travers la pièce et piquera sa crise, mais, dans le fond, il sera mort de peur. La peur est toujours à la base de l'ombre.

Un autre des tentacules venimeux du sombre Taureau est son matérialisme excessif. Le revers de ce talent inné pour acquérir et posséder, accumuler et conserver, est un grand souci des « choses ». Et le fait de se soucier des choses ne contribue pas à alléger l'esprit. C'est plutôt le contraire : il l'alourdit, car le matérialisme pèse lourd. Chacune de nos possessions veut *nous* posséder. On ne peut échapper au fait que plus on possède, plus on est possédé. Et pour les natifs du Taureau, cela peut être un vrai dilemme. Au début, ils croient que plus ils en auront, plus ils seront en sécurité, que plus d'argent les protège contre les aléas de la vie. Ceux qui voyagent en première classe quittent l'appareil avant les autres ; ils sont mieux traités, on s'occupe d'eux, ils prennent alors plus soin d'eux. Les gens fortunés peuvent s'offrir les meilleurs soins de santé, et ainsi échapper aux griffes de la maladie. En vérité, la mort elle-même, peur ultime, peut être repoussée si on en a les moyens (du moins, c'est ce que croient certaines personnes profondément matérialistes).

Pour se rendre jusque-là, le Taureau peut se montrer très compétitif, mais pas aussi ouvertement que le Bélier. La compétitivité du Taureau est déguisée. On ne se douterait pas qu'il s'efforce de se hisser au sommet de la masse parce qu'il ne se vante pas de ses succès comme le fait le Bélier. Il va de soi que l'argent peut nous acheter la sécurité, les beautés du monde et la liberté d'en jouir, mais il ne peut pas nous protéger de l'obscurité. On aura malgré tout des problèmes de relations, des problèmes de santé, des problèmes familiaux (les enfants issus de milieux favorisés ne sont pas plus à l'abri de la souffrance que les autres). Le Taureau met du temps à s'en apercevoir.

Le problème du Taureau, c'est qu'il ne sait pas toujours quand assez, c'est assez.

Il veut être en sécurité, mais il se retrouve accablé. Sa vie devient une course sans fin aux biens matériels. Il lui en faut toujours plus. Et cette accumulation de biens finit par lui encombrer l'esprit.

Le Taureau peut aller jusqu'à confondre les possessions matérielles et l'amour véritable. Les manifestations concrètes d'affection (les présents, les bijoux, les fleurs) se substituent aux vrais sentiments. Pour celui qui donne, en l'occurrence le Taureau, c'est tout à fait légitime ; mais pour celui qui reçoit, toutes ces choses finissent par sembler un peu vaines. « Merci, joli bracelet, mais je préférerais de loin que tu me *dises* que tu m'aimes, que tu m'enlaces et m'écoutes. » Disons en aparté que si votre conjoint est Taureau, c'est d'abord et surtout ainsi qu'il exprimera son amour – en vous donnant des biens matériels.

Si le Taureau pouvait cesser de s'activer comme un fou dans le but de se faire une vie plus sûre, quand il ne tombe pas dans la plus extrême indolence et ne fait rien du tout, il pourrait peut-être être là pour vous, entrer en relation avec vous avec toute la grâce et la sérénité de sa planète. À la condition toutefois qu'il ne soit pas déjà trop sous le charme du côté sombre de son signe, envoûté par l'aspect matériel de la vie.

Compatibilité

Si vous êtes aussi un signe de terre, vous ferez écho au calme et à la stabilité du Taureau. Lorsque deux natifs d'un signe de terre s'unissent, leur relation a de bonnes chances de durer. Ils ont ce qu'il faut pour affronter les écueils de la vie.

Avec le feu et l'air, les choses se corsent. Il se peut que vous vous complétiez fort bien, le feu rendant le Taureau plus vivant et l'air lui apportant des idées et des relations nouvelles, mais seulement si vous savez respecter vos différences, car vos natures sont fondamentalement différentes. Autrement, la relation sera frustrante — avec, d'un côté, le Taureau ancré dans le concret et, de l'autre, le feu ou l'eau toujours en mouvement, peu portés à s'arrêter pour humer les roses.

En se mêlant, l'eau et la terre forment de la boue. Par contre, l'eau irrigue la terre desséchée et y fait naître la vie. La terre offre un lit à l'eau, un fond solide, un ancrage. C'est lorsque l'eau et la terre penchent vers leur côté sombre qu'elles forment de la boue. Tournez-vous vers le côté lumineux de vos signes solaires respectifs, et vous pourrez cheminer ensemble.

Conseils pour améliorer votre relation

Aimez votre Taureau avec constance. Rassurez-le constamment sur votre loyauté et votre amour, car le Taureau a désespérément besoin de se sentir en sécurité avec vous. Plusieurs Taureau restent avec des partenaires qui les traitent très mal, et c'est extrêmement dommage. Ils restent, car ils préfèrent être avec un diable qui leur est familier. Un charmant Taureau, marié à une femme quelque peu névrosée, agressive et exigeante, a déjà dit : « Je sais que c'est une mégère, mais c'est *ma* mégère. » Cela résume fort bien la philosophie du Taureau en matière de relation amoureuse. Il est beaucoup trop effrayé à perspective de rompre, de trouver un meilleur conjoint, car il lui faudrait alors renoncer au confort et à la familiarité du connu. Une zone de confort, même inconfortable, peut sembler agréable lorsqu'elle est familière. Le Taureau peut s'y éterniser bien au-delà de la date de péremption.

Si votre partenaire est né sous le signe du Taureau, par pitié, montrez-vous gentil. Ces natifs ont le cœur chaleureux et l'âme tendre (la plupart du temps) ; et comme ils sont gouvernés par la planète de l'amour, ils ont besoin de se sentir aimés. Tentez de lui faire comprendre que le matériel n'est pas si important que ça. Le Taureau a besoin d'aide en ce domaine.

Amenez votre Taureau à apprécier les petits plaisirs de la vie, et persuadez-le que vous n'avez pas besoin de tout ce fatras matériel pour être heureux. Si vous entretenez sa peur innée de ne pas en avoir assez sur le plan matériel, cela risque de l'inciter encore plus à acquérir et à accumuler de l'argent et des possessions, au détriment de votre relation. Le Taureau est heureux lorsqu'il vit dans la sérénité et un confort certain, mais pas forcément excessif ni opulent. Il réussit, avec peu de moyens, à créer de la beauté, de la paix et de la tranquillité. Surveillez aussi son alimentation. Le Taureau aime bien manger (et bien boire), et il faut parfois le modérer afin qu'il ne prenne pas trop de poids.

Laissez savoir à votre Taureau, votre roc dans un monde instable, que vous l'aimez inconditionnellement, peu importe la somme de vos possessions. Amenez-le à comprendre que seul votre amour compte, que tout le reste arrive loin derrière, et que votre loyauté et votre attachement lui sont absolument et incontestablement acquis, pour le meilleur et pour le pire. Le Taureau aime être rassuré. De votre côté, le fait que vous soyez résolu à faire passer votre relation avant tout et capable de maîtriser les remous dus aux changements – d'abord et avant tout ceux qui agitent votre âme – vous aidera grandement à élargir vos horizons sur le plan de l'âme. Car, en vérité, le véritable pouvoir ne se trouve pas dans le monde extérieur, mais dans la poursuite inlassable de la conscience et de l'expansion de l'âme. Votre Taureau peut vous apporter plus, sur le plan de l'âme, que vous ne l'imaginez pour l'instant.

Gémeaux

Le côté lumineux des Gémeaux

La jeune âme s'étant enfin bâti un nid sûr dans le monde, elle est prête à découvrir l'environnement fascinant où elle a abouti. Délaissant le besoin d'être en sécurité et solidement enraciné dans le sol, le Gémeaux, le premier des signes d'air, est l'incarnation de l'énergie mentale.

Le Gémeaux a pour but ultime d'apprendre sans cesse et de s'émerveiller de tout. L'âme qui s'est incarnée dans le corps d'un Gémeaux éprouve le besoin incommensurable et pressant d'acquérir des connaissances. Il nourrit son soleil intérieur en approfondissant sa compréhension de la vie, en s'ouvrant à de nouveaux systèmes de croyances et en alimentant son esprit avec de nouvelles informations. Le Gémeaux est un jeune enfant, avide et curieux de découvrir le monde. Comme le jeune enfant, l'âme du Gémeaux, est toujours agitée. Elle s'ouvre au monde, et cette ouverture doit être cultivée, sinon son âme se flétrira. Gouverné par Mercure, le Gémeaux est rapide, agile, vif de corps et d'esprit. La vie est brève, et il y a tant à découvrir.

Pour nourrir son soleil intérieur, le Gémeaux doit satisfaire sa curiosité, apprendre tout ce qu'il peut du monde, et embrasser le changement.

Être amoureux d'un Gémeaux peut être une expérience fascinante, exaltante et, surtout, éducative. Assurément, votre Gémeaux vous gardera alerte, avec ses tours et détours, ses changements d'avis soudains, sa quête incessante d'expériences nouvelles. Votre conjoint

Gémeaux surfe sur les vagues de la vie : un instant debout, le suivant sur les genoux. Il rira avec vous puis, cinq minutes plus tard, vous enverra paître. C'est stimulant, mais exaspérant, de partager la vie de ce maître de l'imprévisibilité. C'est tout un défi de comprendre ses sautes d'humeur, même si elles sont moins déroutantes que les accès de mauvaise humeur du Cancer. En fait, c'est même inutile d'essayer.

Si vous êtes amoureux d'une native du signe des jumeaux, contentez-vous de vous taire et de lâcher prise. Laissez-la sortir des sentiers battus et empoigner la vie avec l'exubérance dont elle seule est capable. De toute façon, si vous tentiez de la retenir, elle n'en tiendrait pas compte. Elle se liera d'amitié avec des gens très intéressants et donnera des réceptions mémorables. La vie sera pleine d'entrain, de plaisirs et d'excitation. C'est à peine exagéré de dire qu'elle changera de coiffure, d'allure et d'emploi plus souvent que d'autres changent de chemise.

L'homme Gémeaux est tout aussi déterminé à agir comme bon lui semble. Mais il n'a pas l'attitude « à ma façon ou pas du tout » du Bélier. C'est plus sa fascination inépuisable pour l'apprentissage et l'acquisition de nouvelles connaissances qui pousse le Gémeaux à s'activer inlassablement. Tant pis pour vous si vous n'arrivez pas à le suivre, car il ne s'arrêtera pas pour vous attendre.

Mais tant mieux si vous êtes tout comme lui décidé à ne pas moisir sur place (peut-être avez-vous les Gémeaux comme signe lunaire ou ascendant). Cependant, si vous êtes aussi inconstant que votre Gémeaux, cela pourrait se révéler problématique. Quelqu'un, dans le ménage, doit exercer une influence stabilisatrice.

Sur le plan social, ce signe est étincelant. Les Gémeaux sont dans leur élément lorsqu'ils assistent à une réception. Ils adorent bavarder, échanger des commérages, aller de l'un à l'autre. Ils détestent avoir l'impression de manquer quelque chose – ce n'est donc pas dans leur nature de faire tapisserie et de se comporter en simples spectateurs. Ils préfèrent jouer à l'animateur. Ils se lient rapidement avec des personnes qu'ils rencontrent pour la première fois ; en fait, ils adorent faire de nouvelles connaissances. Le Gémeaux aime vraiment tout ce qui entoure les relations sociales. Il ne rechigne pas non plus aux relations sexuelles, mais il pourra toutefois s'en désintéresser s'il n'y a pas d'affinité sur le plan mental.

Étant un signe d'air, le Gémeaux préfère le monde des pensées et des idées à la sensualité. Les signes de terre adorent tout ce qui touche au corps, et les signes de feu et d'eau l'apprécient également, mais les signes d'air peuvent s'en passer. (À moins que leur carte du ciel contienne une bonne dose de l'énergie du Scorpion ou du Taureau).

Lorsque l'on entretient une relation amoureuse, la sexualité compte. Mais s'il vous arrive de trouver que votre amant Gémeaux n'est guère porté sur la bagatelle, l'explication est simple : tout se passe dans sa tête. Comprenez-moi bien : le Gémeaux peut se montrer aussi passionné que quiconque. Mais ce signe est plus prompt à se désintéresser ou à se déconnecter à cause des « choses de l'esprit » – l'intellect interfère, les vieux schémas du passé réapparaissent dans la relation. Le Gémeaux a beau avoir soif de nouvelles expériences, il n'a pas pour autant décidé de renoncer à son passé (à moins qu'il ne soit particulièrement conscient). Son histoire familiale vous indiquera quels schémas risquent de se manifester dans votre relation. Par exemple, si votre Gémeaux a eu une mère aimante, il saura prendre soin de vous. Si sa mère s'est montrée peu affectueuse, distante sur le plan émotif, il risque d'avoir de la difficulté à partager une véritable intimité. Cela s'applique aussi à la femme Gémeaux : si sa relation avec son père a été positive, votre union s'en portera mieux.

Mais restons positifs. En raison de la verve du Gémeaux et de son talent pour entrer en relation, votre union disposera d'autres terrains de jeu. Et vous pourrez toujours vous rapprocher grâce au pouvoir de la communication.

Il est extrêmement amusant de voir toute la gamme de sentiments que l'on peut éprouver en une journée.
— Anne Morrow Lindbergh

Bref, vous aurez la possibilité de vous unir à votre Gémeaux autrement que sur le plan physique. Vous toutes qui souhaitez rencontrer un homme avec qui il est possible d'avoir une bonne conversation, recherchez un Gémeaux. Si vous l'avez déjà trouvé, vous savez que lorsque vous vous accordez sur ce plan, tout va pour le mieux. Le secret, c'est d'avoir l'esprit assez ouvert pour supporter la bougeotte du Gémeaux mercuriel.

« Mercuriel » est un adjectif qui désigne les personnes à l'esprit rapide, promptes à changer d'idée et de direction. C'est l'adjectif qui s'applique au Gémeaux, gouverné par Mercure. Leste, vif de corps et d'esprit, le Gémeaux vous entraînera dans une vie semblable à un tir d'artillerie. Si vous êtes intellectuel, vous adorerez. Sinon, vous serez stupéfait de voir tout ce que vous apprendrez avec cet homme ou cette femme orchestre. Ils en savent un peu sur tout. Aussi bien l'homme que la femme Gémeaux peuvent réparer et confectionner une foule de choses (quoique parfois de façon un peu rudimentaire), car ils n'ont pas peur d'essayer. Pour eux, la vie est une vaste expérience et on apprend sur le tas ! Il y a chez le Gémeaux un côté rafraîchissant, enfantin qui est assez fascinant. Ils savent lancer une bonne blague et divertir ; ils ont la répartie facile, et l'étendue de leurs connaissances sur un tas de sujets, de l'alpinisme à l'art de préparer une bonne confiture, est renversante.

« Étendue » est le mot clé. Si vous recherchez de la profondeur, navrée de vous décevoir, mais ce n'est pas ce que le Gémeaux fait de mieux. Il arrive qu'un Gémeaux exceptionnel plonge dans les eaux profondes de l'existence, mais la majorité rase la surface. Il est possible qu'au cours de leur vie ils occupent plusieurs emplois, nourrissent plusieurs intérêts et cultivent plusieurs relations, ce qui nous conduit à aborder une question cruciale.

D'après la légende, le Gémeaux, à cause de sa nature double, se marierait au moins deux fois. Si vous êtes son premier conjoint, ne vous découragez pas. Si vous réussissez à conserver l'intérêt de cette âme surexcitée, vous devriez pouvoir vivre longtemps ensemble à ce rythme fou. Après tout, les « légendes » ne sont que des histoires anciennes. Nous sommes en train d'écrire un nouveau chapitre de l'histoire de cette planète, et plusieurs des vieux stéréotypes, en astrologie comme ailleurs, sont archaïques. Concentrez-vous sur l'essence du signe solaire de votre partenaire, et avec quelques accommodements, la magie pourra opérer.

Ceci étant dit, comment ne pas aimer un partenaire qui est l'âme de toutes les réceptions, qui en sait davantage sur plus de sujets que quiconque, qui vous divertit avec sa douce innocence et sa curiosité ? C'est un véritable Peter Pan, et s'il y a un peu de Wendy en vous (si vous êtes prête à vous envoler avec lui !), cette relation devrait être toute une aventure.

Le Gémeaux doit nourrir son soleil intérieur en apprenant constamment. L'âme du soleil du Gémeaux dépérira si elle ne peut pas nourrir sa faculté d'être émerveillée. Pour cette âme, la curiosité n'appartient pas qu'à l'enfance, c'est le sentiment d'une vie. Le sens de l'émerveillement et la curiosité alimentent l'esprit de l'âme du Gémeaux. Pour s'engager passionnément dans la vie, conserver son dynamisme, cette âme doit sans cesse apprendre, s'ouvrir aux mystères du monde, acquérir des connaissances. Ce sens de l'émerveillement alimente le soleil intérieur du Gémeaux. Pour cette âme, se fermer l'esprit équivaut à la mort. Le Gémeaux a besoin de bouger sans cesse. S'enliser dans la routine, dans un travail répétitif ou une vie sans surprises, détruit peu à peu sa force vitale.

Le côté sombre du Gémeaux

C'est maintenant que ça se corse. Vous pensiez qu'avec un Gémeaux, tout était léger et étincelant, amusant et frivole (sauf si avez déjà un Gémeaux comme conjoint, dans ce cas vous savez fort bien que ce n'est pas tout à fait vrai). En réalité, au moins la moitié du temps – lorsque Dr Jekkil devient M. Hyde –, la vie avec un Gémeaux peut se révéler plus agaçante que divertissante.

L'inconstance du Gémeaux, aussi charmante et rafraîchissante soit-elle, peut engendrer de la frustration. Vous êtes là, à vous confier à lui, à lui révéler vos sentiments les plus profonds, pour finir par vous rendre compte qu'il n'a pas écouté un seul mot. Il est bien trop préoccupé par ses propres pensées. Pourtant, au début de votre relation, il semblait boire vos paroles, son regard attaché au vôtre, il terminait vos phrases. Mais le temps a passé ; et, chez un Gémeaux, la fascination ne dure jamais très longtemps. La vie réserve bien d'autres découvertes et, soyons francs, il pense en savoir maintenant assez long sur vous (aïe !). « Nouveau » s'applique autant aux gens qu'à n'importe quoi d'autre. De là vient l'idée que les Gémeaux se marient généralement deux fois (au moins !). À bien y réfléchir, comme se marier deux fois est courant de nos jours, il faudrait peut-être parler, dans le cas des Gémeaux, de trois unions.

Il peut être blessant, terriblement blessant, de découvrir que cet homme ou cette femme que vous aimez, et à qui vous avez consenti de vous unir beaucoup trop vite, n'est plus fasciné par vous. C'était si enivrant de se sentir écouté à ce point. C'était comme si personne sur cette terre avant lui n'avait été à ce point captivé par les mots qui sortaient de votre bouche. Un tel bonheur ne pouvait pas durer. Désormais, lorsque vous rentrez à la maison, les actualités télévisées semblent l'intéresser plus que ce qui a bien pu vous arriver au cours de la journée. En fait, cela fait probablement un bout de temps qu'il ne vous le demande même plus. Vous faites de votre mieux pour « établir la communication » en parlant de ceci ou de cela, des petits riens qui ont meublé votre journée. N'est-ce pas vos interminables discussions qui ont donné naissance à votre relation ? Mais vivre avec un Gémeaux ayant mentalement perdu intérêt, c'est comme vivre avec un être en carton-pâte.

Le Gémeaux a besoin d'être émerveillé et c'est, bien entendu, le charme de ce signe d'air changeant. Par contre, ce besoin lui fait perdre contact avec la réalité.

Sauf si votre conjoint Gémeaux est ancré dans le « monde réel » par la présence marquée dans sa carte du ciel de signes de terre, il risque d'être si semblable au papillon qu'il lui soit impossible de vivre sur le plan matériel, parmi les simples mortels. Sa fascination pour le prochain sujet, son agitation incessante et son système nerveux survolté le poussent constamment à passer à la question suivante, avant même, souvent, d'avoir pris le temps de répondre à la première. Si vous tentez de ramener sur terre un tel Gémeaux (moins doué de conscience), vous aurez bien du mal. Le Gémeaux est plus heureux lorsqu'il reste en surface. L'engagement peut représenter un problème pour ce signe – quoique dans une moindre mesure que pour les autres signes d'air –, car le Gémeaux a tendance à se lancer dans une nouvelle relation avec son enthousiasme habituel, trop heureux d'avoir trouvé un esprit semblable au sien pour prendre le temps de prendre en compte les autres aspects de la relation. Généralement, le Gémeaux n'est pas enclin à penser aux conséquences. Son instinct le pousse à se déplacer rapidement afin de couvrir le plus de terrain possible. Aiguillonné par cette impulsion, le Gémeaux arrive difficilement à être suffisamment « réel » pour supporter des choses comme une carrière prolongée ou une union durable.

Vous comprenez désormais d'où lui vient cette réputation de contracter plusieurs mariages. L'inconstance et la stabilité vont rarement de pair, et il faut de la stabilité pour nourrir une relation capable de survivre aux vicissitudes de la vie à deux.

Le Gémeaux est l'un des quatre signes appelés « signes personnels » (les autres étant le Bélier, le Taureau et le Cancer). L'égocentrisme caractérise les signes personnels. Mais avant que vous, Gémeaux, vous sentiez offusqués, sachez que nous avons tous du Gémeaux quelque part dans notre carte du ciel. Mais si votre soleil se trouve en Gémeaux, cela implique que vous êtes enclin à faire passer vos besoins en premier. Pour votre conjoint, cela veut dire que vous êtes parfois un vrai bébé ! D'instinct, les Gémeaux ne font pas passer les besoins des autres avant les leurs. Ils sont habituellement si pris par leur propre mission – qui consiste à découvrir, à apprendre, à vivre dans l'émerveillement (ce qui engendre souvent de la confusion à cause de la surabondance d'informations qui leur trottent dans la tête) –, qu'ils semblent incapables de comprendre votre point de vue.

Courber les deux pôles de la vie jusqu'à les faire se rejoindre, coucher sur le papier les deux voix de la mélodie de la vie, je n'y parviendrai jamais.

— Herman Hesse

Toutefois, si la lune de votre Gémeaux est en Poissons ou s'il a un ascendant Cancer (par exemple), vous avez de la chance, car il s'intéressera sans doute plus à vous et à vos besoins qu'il ne le ferait sans l'influence des signes d'eau, toujours sentimentaux. Il saura se montrer compatissant, sensible et attentionné. Cependant, en dépit de cela, son envie de butiner tel un papillon d'une fleur à l'autre prévaudra toujours sur toute autre considération.

Ce n'est pas que le Gémeaux veuille se montrer méchant ou indifférent ; c'est seulement que sa pulsion primordiale est d'apprendre et de découvrir. Lorsque l'on entretient une relation, il est normal de consacrer une part de son énergie à « l'autre ». Bien que les Gémeaux, lorsqu'ils deviennent amoureux, soient capables, comme cela leur arrive toujours au début, de s'intéresser à vous, voire d'être fascinés par vous, ils se lassent vite, et leur curiosité s'éteint. Certes, une relation avec ce Peter Pan comporte beaucoup de charme : la vie est intéressante, les choses bougent, il y a toujours une bonne conversation à l'horizon, le changement est bienvenu, mais le côté sombre du signe risque de neutraliser toute cette légèreté, cette luminosité et cette fraîcheur. Partager la vie d'un Gémeaux qui est devenu ennuyeux, c'est tout un travail. Mais si vous aimez votre papillon, vous veillerez à le garder fasciné, et vos efforts seront récompensés. Vous ne vous ennuierez jamais. La stagnation n'est *pas* dans la nature des Gémeaux.

Compatibilité

Les signes d'air complètent parfaitement le Gémeaux. Leur vie commune peut être plus facilement un tourbillon d'activités sociales et intellectuelles, pleine de gens, mouvementée et changeante. Mais comme c'est toujours le cas lorsque l'on parle de compatibilité, « l'excès de bonnes choses » est dangereux. L'excès d'harmonie représente pour la relation une menace aussi réelle que l'excès de désaccord. Le Gémeaux s'ennuie facilement, par conséquent trop de prévisibilité peut finir par lasser son affection. Malgré tout, ce sont les meilleurs partenaires pour les Gémeaux.

Le feu peut aussi bien s'entendre avec le Gémeaux – pourvu qu'il y ait d'autres éléments compatibles dans leur carte du ciel. C'est le feu surtout qui apporte de l'énergie et du carburant au moteur du Gémeaux, à son désir de couvrir le plus grand territoire possible.

La terre peut représenter un problème. La fluidité s'oppose à la rigidité. L'air et la terre ensemble – imaginez une tornade ou un ouragan arrachant les structures rassurantes de la terre. Il faut de l'équilibre en tout. Chacun peut apporter à l'autre un point de vue complètement différent sur le monde, et n'est-ce pas là le but ultime d'une relation : nous permettre de grandir en faisant nôtre le point de vue de l'autre ?

Le Gémeaux est fortement attiré par les signes d'eau, généralement au détriment des deux parties. Mais d'où vient cette attirance ? Le Gémeaux sait d'instinct que l'eau a beaucoup à lui enseigner. L'eau connaît les émotions, les sentiments — ces choses auxquelles le Gémeaux ne se sent pas vraiment relié. Et l'eau est attirée par la légèreté et la luminosité du Gémeaux. Cette relation étant riche en leçons, il vous faudra donc veiller l'un comme l'autre à rester attentifs et conscients ! Sinon, vous pourriez très facilement sombrer dans l'obscurité et causer votre perte.

Conseils pour améliorer la relation

Dans cette relation, ayez pour premier objectif de vous épanouir davantage. Plus vous serez comblé, élargirez vos horizons et engagerez votre âme dans des activités susceptibles de vous rendre plus profond, plus vous atteindrez deux buts : premièrement, vous jouirez d'une vie plus constructive et plus satisfaisante ; deuxièmement, vous n'attendrez pas que de votre partenaire qu'il occupe les temps morts puisque vous le ferez vous-même.

Nous avons tous pour mission d'acquérir de la profondeur, d'unir la conscience de notre ego à la singularité de notre âme. Nous sommes trop nombreux à vouloir que notre relation comble les vides inhérents au fait que nous sommes des êtres spirituels vivant dans une enveloppe matérielle (où l'ego et l'âme doivent apprendre à cohabiter). En décidant de répondre d'abord à vos propres besoins, même si vous ignorez en quoi ils consistent (le découvrir fait partie du jeu !), vous libérerez votre conjoint Gémeaux qui pourra ainsi explorer les territoires vierge de son propre esprit. Vous grandirez, corps et âme — ce qui implique que vous aurez le courage de supporter l'absence d'intimité due à sa distraction mentale. À mesure que vous apprendrez et découvrirez et deviendrez plus entier, vous deviendrez plus intéressant aux yeux de votre conjoint Gémeaux. Le fait d'entreprendre ce voyage, parfois solitaire (en réalité, nous sommes tous seuls, que nous ayons un conjoint ou non), aura pour avantage de ramener votre Gémeaux vers vous. Il se rendra compte que vous êtes, en fait, nettement plus intéressant que toutes ces personnes qu'il a rencontrées à la réception précédente. Vous nourrirez la flamme de votre relation, car vous serez, d'abord et avant tout, en pleine possession de votre cœur, de votre esprit et de votre âme.

Le Gémeaux est inconstant et instable, mais s'il a un conjoint stable, c'est-à-dire autonome, vous pourrez jouir ensemble d'une relation durable, non pas fondée sur la nécessité de combler mutuellement vos besoins, mais bien sur ce qui constitue une vraie force – la capacité d'être profondément et continuellement relié à votre propre âme. Cela peut sembler une route solitaire, bien différente de ce que l'on attend d'une relation, mais au bout du compte, nous sommes tous seuls et responsables, nous et non pas les autres, de notre bonheur. Nous ne devons pas espérer qu'il nous viendra de l'autre ; nous devons le trouver à l'intérieur de nous. Ce n'est qu'alors que nous partagerons avec notre conjoint la compagnie, le soutien, l'intimité et la relation qui résultent exclusivement de ce sentiment de plénitude. Respectez votre conjoint Gémeaux en lui accordant la liberté d'apprendre et d'explorer le monde, et n'oubliez pas de lui faire part de ce que vous découvrirez de votre côté.

Cancer

Le côté lumineux du Cancer

L'âme, délaissant le Gémeaux et sa soif de connaissance, entreprend, avec le Cancer, de découvrir les sentiments profonds. Le but ultime de l'âme née avec le soleil en Cancer est d'ouvrir son cœur au monde des sentiments. Dans cette vie, le Cancer fait l'expérience de la vulnérabilité et de la sensibilité.

Avec le Cancer, nous faisons connaissance avec le premier signe d'eau. L'eau a longtemps été associée aux émotions et aux sentiments, et comme elle est gouvernée par la Lune, le corps céleste le plus changeant, l'énergie du Cancer est extrêmement sensible et vulnérable aux fluctuations d'humeur. Cette sensibilité peut engendrer beaucoup d'empathie et de compassion, et cette âme est extrêmement sensible à la souffrance humaine. Le Cancer recherche avidement la sécurité qu'apporte le sentiment d'appartenance. Être seul ou abandonné, privé de tout sentiment d'appartenance, lui cause une douleur insoutenable. Il trouve la vie rude, et son âme a donc besoin de s'en retirer régulièrement. Cette âme abrite un enfant intérieur qui a besoin que l'on s'occupe de lui, sinon la vie lui semblera très triste.

Être amoureux d'un Cancer, c'est être amoureux de quelqu'un qui a vraiment de besoin de soi. Le crabe a besoin d'avoir quelqu'un dont il prendra soin, sur lequel il pourra veiller. Après tout, c'est la mère du zodiaque, et vous dorloter, satisfaire vos besoins, fait en réalité partie de ses propres besoins. Certes, le crabe veut également qu'on le dorlote et que l'on prenne soin de lui. C'est pourquoi il agit ainsi.

Si vous avez envie que votre foyer soit confortable et douillet, vous ne pourriez mieux choisir que le Cancer comme conjoint. La femme vous apportera votre petit déjeuner au lit, vous préparera des repas délicieux, fera votre lessive (sans oublier de plier et de ranger vos vêtements), vous accueillera avec un verre et un sourire, et semblera réellement heureuse de vous voir. C'est l'incarnation même de la mère. Quant à l'homme Cancer, c'est un protecteur exceptionnel.

Vous vous apercevrez rapidement que votre conjoint Cancer saura vous protéger et vous défendre ; il veillera sur vous, tant et aussi longtemps que vous serez ensemble. Et même après, mais c'est un point sur lequel nous reviendrons dans la prochaine section.

Concentrons-nous ici sur le côté lumineux et positif du signe avec lequel vous partagez votre vie. Et le Cancer a beaucoup de qualités. Il est doué, plus qu'aucun autre signe, d'une sensibilité innée ; ces natifs compatissent naturellement aux sentiments de leur prochain. Leur empathie et leur sensibilité évoquent l'image d'une chaude couverture par une soirée d'hiver, instantanément réconfortante et rassurante. Le Cancer a le don d'apaiser vos peurs et de dérider votre front soucieux. Il sait trouver les mots pour vous convaincre que tout ira pour le mieux. Vous ne pourrez pas pleurer sur une meilleure épaule que sur celle que votre conjoint Cancer. Vraiment ! C'est extraordinaire. Faisons une petite parenthèse pour préciser qu'il s'agit là du Cancer des bons jours. On ne peut attendre, n'est-ce pas, un tel soutien émotif de la part d'un être qui ne ressent pas, lui aussi, autant de peine ? Et, bien entendu, il y a donc chez lui un côté qui n'est pas toujours calme ni rassurant.

Honnêtement, le Cancer n'est pas le signe le plus léger et le plus lumineux du zodiaque. Étant donné qu'il est gouverné par la Lune, la vie est parfois une véritable épreuve pour lui. Mais, paradoxalement, c'est justement cette sensibilité et cette faculté de se connecter avec autrui sur le plan émotif qui en fait un ami et un conjoint aussi extraordinaire. Personne mieux que le Cancer ne vous donnera le sentiment d'être si bien entendu, compris et dorloté.

Par définition, une bonne mère s'occupe de sa famille de façon concrète. C'est très bien de dire « Je t'aime » aux enfants, mais si cet amour ne se manifeste pas concrètement, leurs petits ventres vont crier famine. L'amour s'exprime par des actes. Et le Cancer en est conscient de toutes ses fibres. Le crabe est, littéralement, l'amour en action. Le Cancer cuisinera, nettoiera, câlinera, réconfortera et prendra soin comme nul autre. La princesse Diana était Cancer et, enfant, elle adorait faire la lessive de ses sœurs, préparer leurs repas, et faire leurs bagages lorsqu'elles retournaient au pensionnat. Dès l'âge de sept ans, elle a été une « mère » pour son jeune frère lorsque sa mère quitta le foyer familial. Plus tard, elle a été une mère dans un sens plus universel, en s'occupant de ceux qui avaient besoin d'amour et de réconfort.

L'homme Cancer est par nature si sensible aux besoins de sa famille que, peu importe où son cœur le conduira sur le plan amoureux, il en prendra toujours soin. Ses enfants seront toujours ses enfants, et leurs besoins passeront toujours avant ceux de quiconque. Il peut avoir désespérément envie d'avoir une liaison avec une femme qui le *voit* vraiment, lui (c'est-à-dire tel qu'il est à l'intérieur, dans son cœur) –, mais il demeurera loyal envers la mère de ses enfants, parce que c'est la mère de ses enfants. Pour l'homme Cancer, la famille représente *l'appartenance*, et c'est son besoin le plus pressant – appartenir.

Je suppose que la chose la plus délicieuse au monde est d'avoir le sentiment que quelqu'un a besoin de nous.
– Olive Schreiner

Si vous amorcez une relation avec un Cancer, vous serez heureuse d'apprendre que vous disposez de tout le nécessaire pour créer un lien durable avec lui. Si vous construisez un foyer ensemble, si vous vous « appartenez » mutuellement, en raison des liens du sang que sont vos enfants, sachez que votre crabe ne vous trahira jamais. Pour être totalement honnête, je devrais sans doute dire qu'il vous trahira peut-être, s'il a eu de gros problèmes avec sa mère (je ne vois pas d'autres raisons), mais il vous reviendra tant et aussi longtemps que les enfants auront besoin de lui.

Cela s'applique aussi à la femme Cancer. Elle est une reine du foyer incomparable. Certes, elle peut se montrer plus que compétente dans le monde, avoir une carrière importante et bien rémunérée, mais qu'elle s'occupe de la maison à temps plein ou à temps partiel, elle bâtira un nid confortable et sécuritaire pour sa couvée. Même quand elle n'a pas d'enfants, la femme Cancer a le don de

« materner » son conjoint. Et la plupart des femmes Cancer sont des partenaires sexuelles joliment expertes. Elles réussissent habituellement fort bien à être à la fois mères et amantes. C'est parce qu'elles sont profondément attachées aux sentiments. Le Cancer peut littéralement sentir vos besoins avant même que vous les exprimiez. Il est doté d'une intuition des plus troublantes. Donc, pour les natives de ce signe, être mère, sœur, épouse, ne pose aucun problème. Elles passent d'un rôle à l'autre aussi aisément que la Lune disparaît derrière un nuage.

L'intuition qui permet au Cancer d'être à l'écoute de vos sentiments, de les comprendre, est due au fait qu'il est branché sur une fréquence qui va au-delà des cinq sens conscients. Ce signe fonctionne presque exclusivement dans une dimension fort différente de celle de la plupart d'entre nous. Les sentiments n'émettent pas les mêmes ondes que les pensées, et c'est dans cet Univers que le Cancer est vraiment chez lui. L'homme Cancer peut ne pas trouver les mots pour exprimer cet attachement aux sentiments ; la femme Cancer peut éclater en sanglots, bouleversée par la profondeur des sentiments qu'elle capte, mais des sentiments, le Cancer en a indéniablement, et des profonds. Le monde, comme souvent le crabe lui-même d'ailleurs, a tendance à ne pas comprendre la sensibilité du Cancer, parce que le monde (tel que nous le connaissons) tarde à reconnaître l'existence des dimensions autres que la dimension matérielle.

Donc, est-ce une force ? Est-ce lumineux ? Oui, je le crois. Être capable de communiquer sur le plan du cœur est un grand cadeau à faire à autrui. La vulnérabilité est le déguisement sous lequel se cache la véritable force.

Lorsqu'il est fidèle à son Moi supérieur, le Cancer se relie aux autres aussi facilement qu'il respire, grâce à son attachement aux sentiments profonds et à sa vulnérabilité aux émotions, et il s'agit là d'un don lumineux dont le monde a bien besoin. La physique quantique nous enseigne que c'est par les émotions que nous pouvons agir le plus puissamment sur le champ de la conscience. Les pensées comptent, elles aussi, mais ce sont les émotions qui possèdent le vrai pouvoir. Et c'est la force du Cancer.

Grâce à sa nature sensible, le Cancer peut accomplir beaucoup dans le monde des formes. Le Cancer lit en vous comme dans un livre, et si vous recherchez du réconfort, de la sympathie et de l'affection, vous avez trouvé. Cette chaleur, cette douceur que vous ressentez à l'intérieur de vous lorsque votre conjoint Cancer vous exprime son affection vous procure le sentiment, peu importe l'endroit où vous trouvez, d'être à la maison, une maison accueillante, confortable, remplie de bonheur — quel beau cadeau !

Le Cancer doit alimenter son soleil intérieur par ses sentiments. Cette âme s'est incarnée dans le dessein de découvrir ce que sont les sentiments, ce que signifie ouvrir son cœur, ce qu'est la vulnérabilité. Elle est sensible et tendre, et le Cancer doit nourrir cet enfant intérieur en s'adoucissant au fil de son existence. Le Cancer affamera son soleil intérieur s'il n'honore pas les sentiments, se ferme à eux et cède à la peur d'en ressentir. Le Cancer doit relever ce défi, sinon son esprit mourra. C'est un grand défi, et la vie peut sembler bien rude à un être doué d'une telle sensibilité, mais le don de la vulnérabilité apporte la connaissance de soi, de sa véritable force. La force s'épanouit dans la compassion, et tel est le but ultime de l'âme du Cancer. Pour atteindre la compassion, il est nécessaire d'ouvrir son cœur et d'être véritablement sensible à la réalité d'autrui.

Le côté sombre du Cancer

Pour le Cancer, le monde peut être un lieu de souffrance. Voyez le symbole de ce signe, le crabe. (À une époque, c'était la tortue, une créature à laquelle plusieurs Cancer préfèrent être associés.)

Le crabe a tendance à se retirer dans sa coquille, pour dissimuler sa vulnérabilité et attendre en toute sécurité que le danger passe. Ainsi en est-il de la personne née sous le signe du Cancer. C'est le point du zodiaque le plus sensible et défensif. Le Cancer est extrêmement subjectif, car il navigue sur les eaux mouvantes des sentiments. Gouverné par la Lune, le plus changeant des corps célestes et celui qui régit les marées (autant des océans que des émotions humaines), le Cancer est plus lunaire que tout autre signe du zodiaque. Constamment soumis au flux et au reflux des marées émotives qui courent dans ses veines, il est d'humeur changeante.

> *Pour assurer leur survie, les escargots se replient dans leur coquille où, sains et saufs, ils attendent patiemment que les éléments se calment.*
> — Isabella Gardner

Le Cancer est non seulement un signe imprégné de sentiments et d'émotions, c'est aussi un signe personnel, ce qui signifie que son côté émotif est relativement peu développé. Dotés d'une nature excessivement subjective, les signes personnels (les autres étant le Bélier, le Taureau et le Gémeaux) se préoccupent d'abord et avant tout de leur propre épanouissement — et, dans le cas des Cancer, de leurs propres sentiments.

En raison de sa sensibilité, le Cancer est le parfait introverti. Il n'aime pas les mondanités. Comment pourrait-il s'y sentir à l'aise alors qu'il est si sensible au rejet ? Le rejet le blesse profondément ; il écorche son cœur tendre. Alors que d'autres signes y répondent par un haussement d'épaules insouciant, le Cancer se replie sur lui-même et se sent émotionnellement anéanti. Il peut se venger par des paroles blessantes ou pire — comme un crabe sur la défensive fouettant l'air de ses pinces et prêt à vous mordre jusqu'à ce que le sang coule. Ou il peut tout bonnement se retirer dans sa coquille, et disparaître à jamais.

Timide et renfermé, le Cancer classique invente mille stratagèmes pour échapper au rejet. Il cherche ainsi à se protéger. Avec raison : une telle sensibilité doit être protégée. Imaginez si le crabe n'avait pas de carapace. Le premier goéland venu le déchiquèterait. Ce que le crabe défend ainsi, ce sont ses propres émotions, douloureusement à fleur de peau, la caverne obscure abritant ses sentiments gouvernés par la Lune.

Cette forte réaction émotive a besoin de se raccrocher à quelque chose, et pour le Cancer, ce sont les souvenirs. Le Cancer représente en fait la mémoire et le passé, et toutes formes de schémas répétitifs. Ce signe a grandement besoin d'avoir un passé dont il peut se souvenir. Les natifs du Cancer se raccrocheront (encore ce mot !) presque toujours aux souvenirs sous forme de photos, de collections de reliques du passé, d'annales familiales, etc. Tout ce qui touche aux racines (à la famille, au foyer) importe au Cancer, car il a un besoin maladif de sentiment d'appartenance. George W. Bush est un Cancer, et il aimait discourir sur la grande famille des États-Unis, de même que sur sa propre famille. C'est comme si le Cancer, à l'instar d'un petit crabe abandonné, s'efforçait de retrouver son nid, ses racines, son trou dans le sable, où il pourrait enfin s'enfouir dans la chaleur et le confort, entouré des gens et des choses qui le rassurent.

Toute cette affaire de sentiment, cette sensibilité, cette empathie, peut devenir lourde. Poussée trop loin, elle peut conduire à la claustration, à la dépendance affective, devenir carrément pathétique. Comme toute bonne chose poussée à l'extrême, elle risque d'engendrer son contraire. L'insécurité provoquée par les émotions du Cancer peut se transformer en besoin excessif de s'accrocher au connu. Pensez au crabe et à sa prise tenace. Tel est le Cancer lorsqu'il se sent menacé.

Sur le plan des relations, le Cancer s'accrochera à son bien-aimé avec autant de ténacité. Il ne vous laissera pas partir aisément. Cette attitude est toutefois différente de la répugnance que montre le Taureau à quitter une personne ou une situation qui s'est dégradée. Il s'agit plus d'un lien émotif. Lorsque le Cancer noue un lien émotif, c'est pour la vie. Peut-être vous demandez-vous pourquoi je range cette caractéristique du côté sombre, alors qu'un tel lien est peut-être justement ce que vous recherchez chez un conjoint ?

C'est parce que ce n'est pas mature. Ce qui motive le Cancer à s'agripper ainsi, ce n'est pas l'instinct de passer à travers les moments difficiles, ni un amour ou un respect profond, mais bien un désir enfantin d'être fidèle à ce qu'il connaît. Tout comme Linus agrippé à son doudou, le Cancer a besoin de la sécurité et du réconfort qu'il trouve dans ce qui lui est familier. « Familier » est, bien entendu, un mot typiquement Cancer. Le Cancer a besoin du réconfort que lui apporte le connu, les racines, la famille. Et vous entrez dans sa famille dès que vous devenez son conjoint.

Si cela vous convient, alors tout est pour le mieux. Comme nous l'avons vu, cela présente un certain avantage : un dévouement sans faille à protéger et à défendre. Mais si vous tenez à ce que vous considérez comme une personne, un individu, avec ses propres sentiments et besoins, vous n'aimerez peut-être pas être le « doudou » de votre crabe : un prolongement de son foyer, de sa coquille, de son lieu sûr. Le besoin émotif du Cancer risque d'engendrer une situation où l'amour n'a plus sa place. L'océan dans lequel votre crabe se prélassait au début de votre relation s'est asséché, et vous vous retrouvez au beau milieu d'un étang stagnant, où il n'y a plus aucune excitation, mais uniquement la familiarité du connu. Et l'on sait à quel point la familiarité peut engendrer le mépris. C'est ce mépris qui constitue le côté sombre du Cancer.

À cause de ses peurs, le Cancer peut se montrer conservateur en tout et mener une vie aride : travail monotone, couple ennuyeux et silencieux — bref, devenir une coquille dépourvue de vie.

Le défi consiste alors à préserver la flamme, la spontanéité et l'excitation de votre relation. N'allez pas croire que votre crabe y veillera à votre place, il est bien trop occupé à protéger sa vulnérabilité.

Ce dont vous pouvez être certain, c'est que votre crabe s'accrochera à vous et à sa famille sa vie durant, ne craignez donc pas qu'il s'enfuie par une nuit sans lune. Bien sûr, il peut fuir temporairement à l'intérieur de sa carapace, mais à long terme, il a bien trop peur de renoncer à ce qu'il connaît, à ce qui lui apporte du confort, de la chaleur et un sentiment d'appartenance, pour vous laisser.

Compatibilité

Si vous êtes un signe d'eau, le Cancer mettra du baume sur votre âme sensible. Vous saurez que vous avez un conjoint qui demeurera longtemps à vos côtés — qui, en fait, ne voudra jamais vous laisser partir.

Vos deux esprits sont essentiellement en harmonie. Vous courez toutefois le danger de vous noyer tous les deux dans une marre d'apathie et d'exclusion. Votre union aura besoin de l'apport régulier des « autres » et d'une vie sociale active, sinon vous risquez d'être trop fusionnés et, par conséquent, de rater l'occasion d'affirmer votre individualité.

Les signes de terre s'entendent bien eux aussi avec le Cancer, et leur nature fiable, solide, pratique, contrebalance les réactions excessivement émotives du Cancer. (À l'exception peut-être de la Vierge qui, en raison de sa propension à chercher la bête noire, risque d'entrer parfois en conflit avec le crabe.)

Les signes de feu et d'air entrent dans la vie du Cancer pour une raison précise, pour qu'il apprenne quelque chose. Ça ne sera pas toujours facile, mais vous aurez l'occasion de croître ensemble, si vous faites l'effort de vous mettre souvent à la place de l'autre. Ne soyez pas trop dur envers cette âme, les sentiments et les pensées du Cancer sont plus vifs que les vôtres, et vous pourriez facilement le blesser avec vos paroles et votre ironie. Le Cancer vous enseigne la sensibilité. Vous lui enseignez à suivre le courant.

Conseils pour améliorer votre relation

Pour que votre relation avec un conjoint Cancer demeure vivante, prenez soin de son besoin d'appartenance. La notion de la famille est vitale pour le Cancer, adoptez donc sa famille et incluez-le dans la vôtre. Faites de votre foyer et de votre famille une oasis, une retraite sûre et réconfortante, loin du monde extérieur. Pour le Cancer, le maternage est au cœur de toute relation, aussi prenez soin de votre crabe (même lorsqu'il est revêche) comme une mère : avec de la nourriture, des caresses, des étreintes, des paroles rassurantes. N'oubliez pas qu'à l'intérieur de votre crabe vit un petit enfant.

Certes, vous ne pouvez pas toujours le cajoler comme un bébé, mais soyez gentil avec lui. Les paroles dures et le repli émotif ne feront que creuser ses plaies. Soyez assez mature pour lui ouvrir les bras, même lorsque vous avez l'impression d'être celui qui est blessé. Ayez à l'esprit l'enfant avec lequel vous négociez, et répondez à ses bouderies en vous montrant léger et brillant. S'il continue de bouder, retirez-vous et occupez-vous de combler vos propres besoins émotifs (en compagnie d'une personne plus agréable). Il a parfois besoin d'être seul — du moins, après que vous ayez fait votre possible pour le consoler. Sa sensibilité est sa force, mais elle est aussi sa faiblesse. Soyez-en conscient.

Lion

Le côté lumineux du Lion

L'âme a maintenant quitté les eaux agitées des émotions et de la sensibilité à fleur de peau du Cancer et a endossé des vêtements neufs pour cette vie. L'âme du Lion a décidé qu'elle serait vue, remarquée, adorée et, surtout, qu'elle s'amuserait ! Le but ultime de cette âme est la *joie.* Cette joie, elle la trouve dans un tourbillon d'activités sociales et, sur un plan plus intime, dans l'expression de la confiance. Le Lion correspond au stade de l'adolescence, le stade où nous fonçons et nous emparons de notre pouvoir en tant qu'individus, où nous développons notre ego, découvrons l'amour romantique, jouissons du sentiment d'être des êtres sociaux indépendants et apprenons ce qu'est la confiance. L'âme qui s'est incarnée dans un natif du Lion savoure tous les délices hédonistes de la vie. La passion, l'enthousiasme, la détermination de profiter de la vie, tels sont les outils dont se sert le Lion pour se sentir vivant.

Si on lui impose des limites, s'il se ferme, cesse d'avoir confiance, de sortir et de s'amuser, son esprit, son soleil intérieur, dépérit. S'ouvrir à la vie avec enthousiasme, s'ouvrir à autrui, accorder sa confiance et son pardon, telles sont les intentions que nourrit le Lion dans cette vie.

Le feu est fixe dans ce signe, ce qui signifie qu'il est stable, fort, résilient, et qu'il ne reculera pas ! L'énergie est puissante, passionnée, « excessive ». Il s'agit là d'une force dont on doit tenir compte, le Lion étant en fait le signe qui

> *Fais n'importe quoi,*
> *mais tires-en de la joie.*
> — Henry Miller

gouverne le soleil lui-même. Ici, le soleil astrologique s'exprime de la manière la plus puissante, la plus pure. Symbolisant l'ego, l'identité, la validation et la conscience, le soleil est à son zénith dans ce signe. Tout ce que le soleil représente en astrologie abonde chez les natifs du Lion. Comme le soleil symbolise le cœur, le centre du pouvoir, le Lion est lui aussi associé au cœur et à la centralisation du pouvoir. Ce signe royal affiche ouvertement son manque absolu de complexes.

L'étude du symbolisme des signes du zodiaque est fascinante. Voyez le Lion : il suit le Cancer — le petit crabe qui, dès qu'il est blessé, se réfugie bien vite dans sa coquille. Mais le lion, lui, que fait-il ? Il rugit, évidemment ! Rien, chez le Lion, ne s'apparente de près ou de loin au retrait. Au contraire, le Lion veut être vu — non, pas seulement vu, mais vu et adoré.

Chaque signe contrebalance en quelque sorte le signe qui le précède. Alors que le Cancer est un signe d'eau — émotif, sensible, prompt à dresser ses défenses —, le Lion est le feu : chaud, exubérant, ostentatoire, attirant l'attention partout où il va, bruyant, jamais décontenancé, fier. Lorsque vient le temps de paraître dans le monde, le Lion est tout ce que le Cancer n'est pas.

Loin de nous l'idée de comparer. Chaque signe possède ses propres caractéristiques, tant négatives que positives. Et le Lion gagnerait sans doute à acquérir un peu de la compassion et de la sensibilité du Cancer. Mais le Lion n'est pas porté sur les émotions, il est plus enclin à jouir des plaisirs hédonistes de la vie. Dans le Lion, le soleil est chez lui – et le soleil, comme nous l'avons vu plus tôt, a beaucoup à voir avec la validation. C'est la clé. Le Lion veut avant tout être validé par le monde. Ce signe dégage une énergie du type « me voici, remarquez-moi ». Le Lion a besoin, d'abord et avant tout, d'avoir le sentiment et l'assurance qu'on le remarque et, de préférence, qu'on l'apprécie.

Il dissimulera peut-être ce besoin sous une feinte humilité, mais ne vous laissez pas tromper par les apparences. Sous ces dehors faussement modestes se cache un ego qui ne vit et ne respire que pour être reconnu. Le Lion est largement conscient de sa propre importance. On rencontre rarement un natif de ce signe qui reste sur le bas-côté de la vie. Non, ils sont plutôt du genre à être le centre d'attention de tout rassemblement. Le Lion est un paon, une prima donna, la reine du bal.

Le Lion ne veut pas seulement être sous les feux de la rampe, il est aussi le conjoint le plus chaleureux, le plus aimant et le plus solidaire qui soit. Certes, il aime qu'on l'applaudisse, lui – mais il aime tout autant qu'on vous applaudisse. Aucun autre signe n'admire aussi ouvertement les autres. (C'est vrai aussi de ceux dont la Lune est en Lion.) Votre conjoint Lion soulignera généreusement vos qualités et il vous aidera et vous incitera à corriger vos défauts. Pourquoi se contenter de peu alors que l'on peut tout avoir ? Telle est la devise du Lion.

Le Lion est très sociable, débordant d'entrain et si plein de joie de vivre que l'existence semble être une grande fête. Il s'épanouit en société : il rit, boit, raconte des blagues, a du plaisir, avec un P majuscule. Ces natifs sont doués sur le plan créatif, assurés, extrovertis et plein d'entrain. Et chaleureux, généreux et passionnés.

Le Lion est aussi ambitieux. Y a-t-il meilleure façon de se faire remarquer que d'être au sommet de l'échelle sociale ?

Le Lion possède une merveilleuse confiance en lui, et cette confiance déteint sur son conjoint. Quand vous êtes déprimé, il vous remonte le moral. Il est terriblement assuré, capable de se défendre. Il a foi en lui — ce qui est un grand privilège. Il vous arrivera peut-être de souhaiter avoir autant confiance en vous, mais sachez que le seul fait de baigner dans cette ambiance pourra vous être bénéfique. Et les bienfaits découlant d'une telle foi en soi peuvent vous améliorer et illuminer votre existence. Il y aura une foule d'amis, d'innombrables fêtes et une multitude de ces bonnes choses essentielles à une vie agréable.

Lorsque le Lion déprime (ce qui est rare), il est facile de lui remonter le moral. Proposez-lui une sortie, débouchez une bouteille de vin et faites-lui entendre une musique joyeuse, et il retrouvera vite la forme. Encore plus vite si vous lui rappelez à quel point il est merveilleux et à quel point vous l'aimez.

Ce signe a l'étoffe d'une vedette, pas étonnant que ce soit le signe de la royauté. On éprouve un sentiment de fierté, de supériorité et d'assurance à savoir qu'on occupe le premier rang ; qu'on est « là-haut », tandis que les vulgaires mortels rampent quelque part, tout en bas.

En matière de séduction, personne n'égale le Lion. Les natifs de ce signe sont nés pour le plaisir et l'amour. Faire la cour est tout naturel pour le Lion. Il adore raconter sa vie, recevoir et distribuer des éloges (ce qui accapare une bonne part des débuts amoureux), et tomber amoureux. Donc, si vous venez tout juste de rencontrer un Lion, attendez-vous à vivre des moments étincelants et agréables.

Soulignons que le Lion a besoin que son amoureux soit un brin théâtral lui aussi. Si votre conjoint est né sous le signe du Lion, il y a fort à parier que vous partagiez quelques-unes de ses qualités – que vous soyez séduisant, dramatique, susceptible d'attirer l'attention. D'une façon ou d'une autre, vous vous distinguez de la masse, tout comme votre Lion.

Le Lion a une seule raison d'être : s'amuser. Pourquoi serait-on sur cette terre si ce n'est pour s'amuser ? Oh, et aussi bien sûr, pour se faire remarquer. La quête du bonheur et la capacité de jouir totalement du moment présent constituent deux belles forces chez le Lion. Le Cancer, avec sa peur de se montrer vulnérable et avec son attachement au passé, est de l'histoire ancienne – quant à la Vierge, avec sa méticulosité et sa propension à voir à quel point les choses pourraient être meilleures, elle n'est pas encore arrivée. Le Lion vit ici et maintenant, et n'est-ce pas ce que les auteurs de livres de spiritualité ne cessent de nous répéter ? *Vivez ici et maintenant.* Après tout, on ne peut vivre que l'instant présent.

Selon moi, tout ceci augure plutôt bien sur le plan de l'amour. Si vous êtes vous-même un signe de feu, vous vous joindrez sans peine à l'esprit festif de votre Lion. Et si vous êtes d'une nature plus fluide – votre homme ou votre femme Lion saura sans aucun doute vous mettre le feu au ventre et vous traîner jusque sur la piste de danse de la vie. Si vous êtes natif d'un signe d'air ou de terre, vous succombez inévitablement au charme vain mais glorieux de cet étincelant personnage, que vous ayez ou non ce qu'il faut pour le garder dépend de vous (et de votre ego).

Parlant de danse, voici une autre façon qu'a le Lion de donner un spectacle. C'est un comédien né, et il adore démontrer ses talents sur la piste de danse, sur la scène, et même dans la chambre à coucher. Lorsque vous voyez quelqu'un accomplir une « performance » — qu'il s'agisse d'un patineur de calibre international, d'un acteur particulièrement sûr de lui en pleine lancée, ou de l'enfant le plus tapageur et le plus sûr de lui pendant le spectacle de l'école —, vous voyez un Lion en action. C'est l'essence même du Lion. (Si ces trois-là ne sont pas natifs du Lion, vous pouvez parier votre dernière chemise qu'ils avaient la Lune en Lion ou un ascendant Lion au moment de leur naissance.)

Le « sens du spectacle », le Lion en a à revendre. Il excelle également dans plusieurs champs de créativité. Il est poussé par un besoin pressant de s'exprimer. Son énergie, étant celle d'un signe de feu, est extravertie, expansive, enthousiaste, passionnée. Comme il s'agit d'un signe fixe, il y a de la stabilité dans toute cette exubérance, ce qui procure au Lion la détermination nécessaire pour atteindre les plus hauts sommets, indispensable pour donner un spectacle aussi remarquable. Plus on s'exerce, plus on atteint la perfection.

Nous sommes tous des vers... Mais je pense que je suis un ver luisant.
— Winston Churchill

Votre conjoint Lion va certainement vous ensevelir sous les présents, car ce signe est des plus généreux. La plupart des Lion ont le cœur sur la main, le cœur étant gouverné par le Lion. La générosité qui incite le Lion à vous exprimer son admiration, à vous dire à quel point vous êtes formidable, est issue de la même énergie qui lui fera puiser dans sa bourse pour vous prouver son amour. C'est tout à fait charmant, et quiconque est aimé d'un Lion a bien de la chance.

Le Lion doit alimenter son soleil intérieur en faisant de la vie une grande fête ! L'âme née sous le signe du Lion a besoin de s'amuser et de s'ouvrir à autrui, d'être sociable. Cette âme a pour mission de contrebalancer la gravité antérieure, pour goûter aux plaisirs de la vie : à l'amour, à la créativité, aux joies du corps. Elle a besoin de s'exprimer, d'éblouir. Pour que son soleil intérieur brille, pour qu'elle se sente pleinement vivante et énergique, l'âme du Lion a besoin d'éprouver et d'exprimer de la joie, peu importe d'où elle la tire.

Le côté sombre du Lion

Le côté sombre de toute cette légèreté et de toute cette luminosité est plutôt évident. C'est, en un mot, l'ego. Le Lion a besoin d'attention – donc, lorsqu'il n'en a pas, que l'amour commence à se faner, sa vitalité s'effondre. Pour s'épanouir, il doit être admiré, et lorsque la passion cède la place à l'habitude, quand la routine journalière fait pâlir l'excitation, le Lion risque de paniquer.

Que faire si c'est votre conjoint ? À la base, vous devez continuer à nourrir son ego. Même si ce n'est pas sincère (ai-je osé dire cela ?), efforcez-vous de le flatter et de l'admirer. Je sais que ce n'est pas tout à fait authentique de dire des choses que l'on ne pense pas, mais dans ce cas (et il y en a quelques autres), la fin justifie les moyens. C'est un acte d'amour, car vous savez maintenant que votre conjoint Lion a besoin qu'on flatte son ego ; cela lui est aussi essentiel que l'air qu'il respire. Et comme c'est un grand comédien, il ne réussit sans doute pas très bien à déceler la sincérité. (Vous aussi pouvez jouer la comédie.) Le fait est que si votre conjoint est Lion, si vous tenez à ce que votre amour perdure, vous devez être conscient que tel est le fondement de son caractère. Appréciation, admiration, considération – donnez-lui-en généreusement, vous en serez largement récompensé.

Le Lion typique a tout du paon. Sûr de lui, il est conscient de l'effet qu'il produit. Évidemment, il donne un spectacle. Mais vous devez comprendre que ce qui semble être de l'autovalorisation éhontée et de la vanité, susceptibles d'embarrasser les autres signes, ne gêne pas du tout le Lion. Pour lui, c'est naturel, et il a vraiment le sentiment d'avoir droit à toute cette attention et à toute cette admiration.

Bien entendu, en certaines circonstances – en plusieurs probablement – son sentiment de supériorité risque d'engendrer du ressentiment chez ses associés, ses conjoints, ses compagnons et compagnes en général. Vous le supporterez si vous acceptez d'être mis de côté, mais si votre propre ego exige qu'on le flatte, il vous sera difficile d'aimer un Lion et de vivre avec lui. Il serait nettement préférable que vous soyez de ceux qui maîtrisent leur ego. Si vous n'avez pas besoin de l'approbation d'autrui, si vous êtes bien avec vous-même (et c'est un état auquel nous devrions tous aspirer), vous êtes apte à vous associer à un Lion. Si vivre dans l'ombre de sa gloire vous suffit, il n'y aura pas de problème.

Mais (il y a toujours un « mais ») l'autoglorification du Lion qui, au début, vous irritait à peine, peut finir par vous blesser profondément. Dans un premier temps, vous pourriez aimer lui répéter à quel point il est merveilleux, mais au fil du temps, en découvrant la vérité – qu'il ne l'est pas réellement –, cela risque de vous peser d'avoir à feindre. C'est alors que le côté sombre du Lion commencera à se manifester réellement.

Le lionceau enjoué avec lequel vous vous amusiez se transformera en adulte renfrogné, colérique, broussailleux. Ou bien il se réfugiera dans un coin et vous vous fera le coup de l'attitude passive-agressive (et vous n'aurez pas la moindre idée de ce que vous avez bien pu faire de mal), ou bien il ira ailleurs – quelque part, peu importe où, mais là où il trouvera un public adorateur.

Cela vous déconcertera. Vous ne comprendrez sans doute pas que la cause en est que vous avez omis de vous répandre en louanges, lorsqu'il vous a raconté comme il a bien travaillé aujourd'hui, comme il a été fantastique. Une personne plus avisée aurait su le flatter, l'aduler et lui dire qu'il était le meilleur des conjoints et des pourvoyeurs. Peut-être êtes-vous trop authentique !

Le Lion est capable de très bien réussir dans le monde adulte, et il atteindra infailliblement un poste de pouvoir. Ce signe étant étroitement associé à la centralisation du pouvoir, ses natifs font des gestionnaires et des organisateurs remarquables. Mais, et voici le deuxième aspect sombre, le Lion étant très sensible à la flatterie (sa raison d'être), il risque de tomber sous la coupe d'individus peu recommandables. Lèche-bottes, fraudeurs, profiteurs… Le Lion peut aisément se faire embobiner par ces personnages sans scrupules. Ils n'ont qu'à flatter son ego. Plus d'un Lion s'est fait avoir ainsi et en a payé le prix fort.

Cet aveuglement aux défauts d'autrui peut causer la perte du Lion. Même les gens qui ont la Lune en Lion (particulièrement les femmes) peuvent être séduits par des personnes qui profitent de leur pouvoir (habituellement des êtres vulnérables et déséquilibrés) en faisant appel à leur bonne nature ; ajoutez un peu de flatterie, et cet aveuglement risque de les faire souffrir. Souvent, ce n'est pas tant la flatterie et l'admiration qui gonflent l'ego du Lion, mais tout bonnement le fait qu'on prend le temps de lui donner de l'attention. Téléphonez à un Lion, et il en conclura que vous vous souciez de lui, ce qui viendra renforcer l'idée qu'il est exceptionnel. Il est assez facile d'exploiter l'ego du Lion, on peut y arriver sans même s'y efforcer, tout simplement à lui accordant un peu de temps.

Pour les natifs de ce signe, cependant, cette vulnérabilité aux personnes malintentionnées montre qu'il n'est pas sans inconvénient d'être avide d'attention. Les Lion doivent prendre conscience de cette faiblesse et apprendre à faire preuve de plus de discernement et à écarter les profiteurs. En ce sens, un partenaire agissant à titre de « détecteur de sincérité » leur sera d'un grand secours. Si vous êtes le conjoint d'un Lion, voici un service que vous pouvez lui rendre pour atténuer la souffrance générée par le côté sombre de son ego — lui révéler la vérité sur ses admirateurs malhonnêtes.

Servez-vous de votre intuition et aidez le Lion à se rendre compte que certaines personnes ne lui veulent pas du bien. En réalité, la majorité d'entre elles ne le veulent pas ! Elles veulent tout simplement être dans le sillage d'une personne manifestement pleine de vie, généreuse, joyeuse et au grand cœur. Dans un monde peuplé d'individus ternes, peureux et sans joie, l'énergie du Lion exerce une forte attirance, mais ce petit esprit confiant a lui aussi besoin d'être protégé.

Compatibilité

Si vous êtes natif d'un autre signe de feu, le Lion sera un partenaire à votre mesure. Ensemble, vous vous amuserez comme des fous, à condition que vous, vous n'oubliiez pas qui est le roi !

Quant aux signes d'air et de terre, c'est à vous de décider. Navrée, mais vous savez maintenant de quoi il retourne. Dans cette relation, c'est l'ego du Lion qui l'emportera, pas le vôtre.

Et l'eau, chère eau. Vous avez du pain sur la planche. Si votre Lion est une lionne, cela augure mieux. Les Lion masculins représentent un trop grand défi pour les femmes natives des Poissons, du Cancer ou du Scorpion. Le Lion ne comprend pas (sincèrement) leurs tendres sentiments. De toute évidence, cette relation vous apportera certaines choses, il s'agit certainement d'une expérience que l'Univers vous envoie dans un but précis. Songez à tout ce qu'une expérience difficile peut vous enseigner, même si ces leçons sont parfois cruelles, et vous ferez peut-être un miracle.

Conseils pour améliorer votre relation

Si vous entretenez une relation avec un Lion, votre responsabilité se résume à vous amuser ! Cela semble plutôt facile, n'est-ce pas ? Mais en fait, le plus important consiste à ne pas vous complaire trop longtemps dans le négativisme. Le Lion n'en aura ni le temps ni la patience. Pour être son partenaire idéal, suivez son rythme et jouissez de la vie au maximum, ce qui implique que vous devrez oublier les blessures infligées à votre propre ego (ce n'est peut-être pas juste, mais seul l'ego du Lion compte dans cette relation) et avoir la force de vous en remettre seul. Si vous restez déprimé trop longtemps, si vous vous retirez et refusez de participer, vous froisserez l'ego exigeant de votre conjoint Lion. Celui-ci a besoin de votre approbation et de vos applaudissements (et, de préférence, de ceux de tout le monde).

De son côté, le Lion doit apprendre à se défaire de son besoin d'approbation et de validation, à se libérer de l'emprise de son ego ; pour votre part, votre rôle en tant que partenaire du Lion n'est pas de favoriser la croissance de son âme, mais plutôt de la vôtre. Cette relation vous offrira une multitude d'occasions de développer votre âme en imposant le silence à votre ego. En effet, il n'y a pas assez de place pour plusieurs egos dans une relation. Cela peut représenter un défi, sembler injuste, mais au bout du compte, cela vous sera utile. En réalité, vous ne sacrifierez rien ; dans le fond, l'ego est une imposture. Donc, votre âme aura ainsi l'occasion de faire surface et, comme elle sera plus forte, votre ego reprendra la place qui lui revient. Voyez cela comme un bienfait. Si cela peut vous aider, considérez votre conjoint Lion comme un adolescent naïf, toujours prêt à s'amuser et imbu de sa propre importance. Égoïste, souvent peu attentif à autrui et égotiste, mais toujours avide d'approbation et de validation. Avec lui, un peu de cette approbation fait des merveilles. Et au bout du compte, ne pensez-vous pas que le bonheur vaut la peine que l'on « sacrifie » un peu de son ego ?

Vierge

Le côté lumineux de la Vierge

L'âme native de la Vierge s'est incarnée dans le but d'apprendre l'humilité. Comme s'il lui fallait compenser la vie de plaisirs qu'elle aurait menée dans la peau du Lion, l'âme de la Vierge veut se mettre au service du monde. Cette âme a soif de clarté ; elle a besoin de savoir quelle est sa place dans l'Univers, comment toutes les composantes du mécanisme s'assemblent.

La Vierge a le goût inné du détail, de l'analyse. Cette analyse lui permet de découvrir comment la vie opère. Elle se propose, humblement, de contribuer à son fonctionnement par son travail et le don de soi, par ses aptitudes et ses compétences. L'âme de la Vierge comprend qu'elle fait partie d'un tout, que les autres existent, et qu'elle doit participer — qu'elle doit apporter sa contribution, être utile. Le natif de la Vierge nourrit le désir d'acquérir de l'adresse ; c'est l'artisan, l'ouvrier. Dans ce signe, l'âme s'associe de nouveau à l'élément solide, pratique et tangible de la terre. Le feu de la passion cède la place à la sécurité que procure le fait d'être enraciné dans le sol. Signe mutable, la Vierge terrienne est plus souple et plus mobile que les autres signes de terre. Son esprit est gouverné par Mercure. Ce mariage confère à la Vierge de nombreux talents ; elle est intelligente, compétente, artistique. Le soleil intérieur de la Vierge a besoin de s'immerger dans l'univers des formes et d'employer tous ses talents à le servir.

La principale qualité de la Vierge est l'efficacité ; et bien que ce ne soit pas la première caractéristique qui vienne à l'esprit lorsque l'on pense à ce que l'on souhaite trouver chez son conjoint, l'efficacité n'est demeure pas moins une force positive capable de favoriser l'harmonie dans une relation.

Voici la clé pour comprendre la Vierge : ce signe représente le besoin d'être utile, d'améliorer les façons de faire, d'être fonctionnel — toutes choses faisant partie de la quête de perfection. Les natifs de ce signe veulent atteindre la perfection à force d'efficacité, de productivité et de créativité. En passant, cette perfection fait partie du symbolisme de la Vierge. Celle-ci n'a rien à voir avec la virginité dans son sens habituel. Elle est plutôt associée à la pureté que l'on atteint par la perfection. Les natifs de la Vierge sont méticuleux, appliqués, capables, compétents, vaillants, consciencieux, minutieux, rigoureux, méthodiques… vous saisissez ?

Ce n'est peut-être pas très romantique, mais il est utile (un mot cher à la Vierge) de se rappeler quelle est l'essence même de ce signe, c'est-à-dire le désir de perfection. La Vierge voudra améliorer votre relation. Et soyez assuré qu'elle en remarquera la moindre imperfection.

Elle est si vaillante que lorsqu'elle n'a rien à faire, elle s'assied et se tourne les pouces.
— Anonyme

Vous savez désormais que votre conjoint Vierge n'est pas du genre à s'endormir sur ses lauriers, car en ce qui le concerne, on peut toujours faire mieux. Dans la mesure où vous êtes prêt à être « amélioré », cette relation vous incitera à développer des aspects de vous-même dont vous ne soupçonnez même pas l'existence !

Si vous entretenez une relation avec une Vierge, vous découvrirez que votre partenaire aime se rendre utile. Ce signe est fortement enclin à être serviable, et personne n'est plus ordonné et propre que lui. Il est souvent implacablement minutieux. Tous les signes sont associés à des névroses ou à des psychoses ; chez la Vierge, c'est le trouble obsessif compulsif. Vous en verrez l'ombre lorsque votre conjoint Vierge se mettra à écumer la maison, ramassant tout ce qui traîne, époussetant et nettoyant, telle une tornade blanche – comme si sa vie en dépendait. Mais nous parlons ici de traits positifs, oublions donc les dérèglements et concentrons-nous sur les avantages.

Si vous êtes du genre à préférer l'ordre au chaos, vous ne pourriez choisir meilleur partenaire, s'il s'agit toutefois d'une Vierge « supérieure ». Si votre Vierge est une vraie Vierge, votre foyer sera impeccable, vos chemises seront bien repassées, les factures réglées à temps, des repas nutritifs servis régulièrement, la voiture propre – bref, vos affaires seront gérées avec efficacité. À condition, j'insiste, que votre Vierge soit à son mieux. Il y a un revers à cette médaille sur lequel nous reviendrons plus tard.

La Vierge correspond au stade du jeune adulte faisant ses premiers pas sur le marché du travail et apprivoisant son métier ou sa profession. Les journées insouciantes du Lion, axées sur le plaisir, sont chose du passé. La mission consiste désormais à servir et à atteindre un seuil évident de compétence afin d'être un membre productif de la société.

Si vous vous préoccupez de votre santé et de votre forme, vous vous entendrez bien avec la Vierge. Comme ils tiennent à être efficaces, les natifs de ce signe sont généralement enclins à s'occuper de leur corps. L'alimentation, l'exercice physique, l'anatomie, la physiologie, bref, tout ce qui touche à la santé intéresse la Vierge au plus haut point.

La Vierge suivra tous les régimes à la mode, s'entraînera rigoureusement, s'adonnera fidèlement au yoga et consultera tous les thérapeutes de la médecine parallèle, de même que ceux de la médecine conventionnelle, qui existent, dans sa quête de la santé parfaite. Votre Vierge n'est sans doute pas consciente que ce qui constitue la santé parfaite comprend beaucoup plus que le seul véhicule physique. Ne tentez même pas de lui en parler : la plupart des Vierge ne vous entendront pas, à moins que ce soient des Vierge animées de la « nouvelle énergie », auquel cas elles comprendront d'instinct le lien unissant l'esprit, le corps et l'âme. Étant d'un signe de terre, les Vierge se sentent à l'aise dans l'univers des sens. Attendez-vous à ce que leur intérêt pour le massage et les thérapies corporelles soient plus que passagères.

Le signe de la Vierge est un signe mutable gouverné par Mercure, comme le prouve l'énergie nerveuse que ces natifs dégagent inconsciemment. Leur désir d'améliorer les choses, d'être efficaces en tout, leur confère une sorte de bougeotte, d'agitation (il y a tant à faire !). Il faut aller là, faire ceci… l'élément mutable leur donne un caractère plus fluide, plus adaptable et plus souple que les autres signes de terre, qui préfèrent que les choses demeurent comme elles sont. Mercure, qui les gouverne, influence leur tempérament. Il les maintient au sommet de la nervosité, sans cesse oscillants, rarement détendus.

La plupart des natifs de la Vierge sont de grands travailleurs, ce qui épuise les autres signes et les culpabilise vaguement. Comment peuvent-ils en faire autant ? Ils ne dorment jamais ? Il est vrai que la Vierge souffre parfois d'insomnie.

En réalité, la Vierge peut être un vrai don du ciel. Par exemple, personne n'est meilleure mère qu'une Vierge dotée d'une conscience supérieure. Ces femmes se dévouent pour leur famille avec le plus grand altruisme. Elles se donnent sans compter, leur demeure est belle, propre, fonctionnelle. C'est parce qu'elles croient que leur mission, en ce bas monde, est de rendre service, de veiller d'une façon ou d'une autre à ce que les autres fonctionnent bien. Elles s'occupent des détails ; elles prêtent une attention méticuleuse aux bagatelles indispensables au bon fonctionnement de toute chose. Elles n'ont pas une vue d'ensemble (pour cela, il faut se tourner vers le signe opposé, les Poissons), mais elles veillent à ce que tout se passe très bien. La Vierge est souvent une technicienne hautement compétente. En tant que signe de terre et l'un des deux signes placés sous le thème de la serviabilité, elles sont habituellement douées pour les travaux pratiques – de la mécanique à l'artisanat, du bricolage aux réparations.

Si vous entretenez une relation avec un natif de la Vierge, vous devez savoir qu'il vous sera difficile

Si vous êtes un parfait hypocondriaque, vous vous réveillez chaque matin fermement résolu à ne pas vous inquiéter ; tout ira mal.
— Goodman Ace

de trouver une âme plus gentille, plus attentionnée. L'homme né sous ce signe sera instinctivement sensible à vos besoins, en raison de son désir inné d'être responsable et de faire de son mieux pour que tout soit parfait. Il veut être serviable et utile, ce qui signifie qu'il fera son possible pour découvrir vos désirs. Les hommes de ce signe sont aussi très sensibles et compatissants ; ils se soucient réellement d'autrui. L'empathie est un trait de caractère que la Vierge plus évoluée partage avec son signe opposé, les Poissons. Ces deux signes veulent rendre service, et l'empathie est l'une des raisons qui les motivent. Ils comprennent ce que vivent les autres, leur souffrance. Rappelons que chaque signe compense en quelque sorte le signe précédent ; par conséquent, la Vierge compense l'égoïsme du Lion qui n'éprouve en général aucune empathie ni sympathie pour autrui. (Il faut toujours parler « en général » des signes solaires. Les autres configurations planétaires peuvent venir modifier tout ce qui précède.) La Vierge accédera à la lumière par la voie de l'humilité et de la serviabilité, elle ne vous volera pas la vedette, car son parcours dans cette vie-ci a pour objectif quelque chose de plus solide, de plus réel.

La Vierge doit alimenter son soleil intérieur en se mettant humblement au service de l'Univers. Cette âme se nourrira de travail. Son énergie lui viendra du sentiment d'avoir apporté sa contribution, d'avoir transformé la vie de quelqu'un. Le seul fait de reconnaître qu'il faut s'occuper de tous ces détails, accomplir toutes ces petites tâches, alimente le soleil intérieur de la Vierge. Le sentiment de faire partie d'un tout et d'y apporter sa contribution, grâce à ses aptitudes et à ses talents, lui procure clarté, énergie et vitalité.

Pour alimenter son soleil intérieur, l'âme de la Vierge doit se donner sur le plan pratique, sinon elle s'effondrera, disparaîtra dans sa coquille humaine, dans un corps vide. Se soucier uniquement d'elle-même, mener une vie égoïste, la conduirait assurément à la catastrophe.

En vivant ainsi, elle n'atteindrait pas l'objectif de son incarnation, et elle en souffrirait inévitablement. Mais si elle utilise au mieux son soleil intérieur — soit en rendant pratiquement, réellement service aux autres —, elle recevra en retour la vie, l'énergie, la vitalité. Elle réussira sa vie au plus haut point.

Le côté sombre de la Vierge

Semblable quête de la perfection doit avoir un revers, et c'est bel et bien le cas. Pour voir ce qu'il faut améliorer, on doit d'abord remarquer ce qui ne va pas. La Vierge y excelle. Elle ne voit que trop bien tout ce qui cloche. Ce qui ne veut pas dire que toutes les Vierge sont des pessimistes broyant du noir, loin de là. Mais elles ont une nette tendance à être difficiles à contenter. Elles remarquent toujours qu'il manque quelque chose, que quelque chose ne va pas. La Vierge a la réputation d'avoir l'esprit critique. Il est difficile de la satisfaire, car elle voit d'emblée que le verre est à moitié vide.

La Vierge plus évoluée est telle que nous venons de la décrire – altruiste, attentive, soucieuse de rendre le monde meilleur. La Vierge moins évoluée est encline à imposer son désir de perfection à son entourage et, par conséquent, à être constamment insatisfaite de ce qu'elle voit autour d'elle.

Si vous entretenez une relation avec une Vierge, il se peut donc, en fonction du pôle vers lequel elle tend le plus, que vous ayez à composer avec cette pulsion sous-jacente – qui peut se traduire par un comportement irritable, enclin à la critique, pinailleur, râleur, insatisfait.

Ces Vierge sont pénibles à supporter. Ce n'est jamais assez. Elles se plaignent toujours d'avoir trop à faire, sous-entendant du même souffle que vous êtes paresseux. Inconsciemment, elles peuvent se décharger sur vous de leur besoin obsessif d'efficacité, vous demandant ainsi implicitement (ou explicitement si elles sont d'humeur) d'en faire plus ! Va chercher les enfants, fais la lessive, prépare le repas (pendant qu'elles restent au bureau, bien entendu, ou poursuivent leurs études universitaires ou assistent à leur cours de yoga — dans leur désir incessant de s'améliorer), tonds le gazon… et plus encore. La vie est une vaste entreprise, et il y a tant à accomplir !

Bien que l'on puisse admirer la Vierge d'en faire autant, le revers de cette médaille est qu'elle est incapable de vivre dans le moment présent, de se détendre, de profiter de la vie, d'être tout simplement ! Et n'allez pas croire que vous pourrez « être tout simplement » à ses côtés ! Il y a beaucoup trop à faire pour cela !

Le côté sombre de la Vierge recèle un autre trait de caractère, et c'est un profond sentiment d'infériorité. Chaque signe contrebalance en quelque sorte le signe précédent. Le Lion était doté d'un sentiment de supériorité. Par conséquent, le signe suivant, la Vierge, souffre d'un sentiment d'infériorité. Sa propension à critiquer peut se retourner contre elle, aucun autre signe ne se critique, ne se dénigre autant qu'elle.

L'humilité réelle est certes une qualité, mais chez la Vierge, elle prend des proportions excessives. L'humilité est néfaste lorsqu'elle se transforme en négation de soi, en introversion du genre « ne vous souciez pas de moi, je n'en vaux pas la peine ». C'est ce type d'introversion qui empêche la Vierge d'être sociable. Contrebalançant l'extroversion, les fanfaronnades, le désir de se faire remarquer du Lion, la Vierge s'efforce de passer inaperçue, déprécie ses qualités avec modestie, souligne constamment ses propres lacunes. C'est tellement plus simple de demeurer à la maison au lieu de sortir et de se mêler à des gens qui semblent tellement meilleurs, plus beaux et plus intelligents qu'ils ne le sont en réalité. Le côté sombre de la Vierge est son ego introverti.

C'est difficile de vivre ou de sortir avec une personne aussi portée à se dénigrer. Les croyances engendrent la réalité ; et la Vierge, à force de se montrer trop introvertie, modeste, humble et soucieuse de ses imperfections, finit par se créer une vie à cette image – imparfaite. Cette Vierge est celle qui n'obtient jamais de promotion, qui n'est jamais invitée à se mêler aux jeux (c'est le Lion qui reçoit toutes les invitations). C'est elle qui demeure à la maison avec son tricot, quand tous les autres se rendent à la fête.

Le brillant esprit d'analyse de la Vierge, qui fonctionne si efficacement au travail, peut se révéler plus encombrant en matière de relations interpersonnelles. Car c'est le cœur, et non la tête, qui importe alors. Pour les Vierge de nature plus sombre, écouter son cœur n'est pas facile. Ce sont nos pensées qui nous disent si nous sommes assez bons ou non, c'est notre façon de voir le monde et ses habitants qui nous dicte la manière dont nous y réagissons. Et Mercure gouverne la tête (nous entendons par là l'esprit). Certes, la Vierge peut se montrer très émotive, mais ses émotions risquent de tourner à l'aigre, de devenir de l'inquiétude. La tête fait obstacle. La Vierge laisse ses pensées lui imposer leur loi. Mercure, la planète qui la gouverne, régit les pensées et le système nerveux. Il y a par conséquent chez la Vierge une tendance innée à trop intellectualiser les émotions et à avoir une réaction nerveuse aux stimuli émotifs.

La Vierge doit apprendre à discipliner ses pensées. Pour cela, il lui sera utile de se distraire ; par exemple, jardiner ou travailler dur physiquement réussit à merveille à les détourner de leurs soucis. Tant mieux si ces distractions leur permettent, du même coup, de « faire du ménage » ou d'aider les autres.

À ceux qui sont centrés sur l'esprit, la vie offre une multitude de sujets d'inquiétude parce que l'esprit est le principal instrument de l'ego. C'est pourquoi ce signe est largement représenté dans le club des hypocondriaques. L'acuité mentale de la Vierge prend toujours le dessus, et si l'on ajoute à cela la conscience qu'a le signe de « ce qui ne va pas », la Vierge tombe souvent dans le piège de l'inquiétude. Ce n'est pas un bon cocktail si vous aspirez à une vie calme. (Dans ce cas, choisissez un Taureau.) Si vous êtes déjà amoureux d'une Vierge, préparez-vous, car l'inquiétude et la nervosité ne seront jamais bien loin. Certaines Vierge qui penchent trop du côté sombre cherchent à soulager l'inconfort engendré par cette agitation mentale en se tournant vers les paradis artificiels. Mais on sait bien qu'aucun raccourci ne conduit au nirvana.

Parfois, et c'est l'une des conséquences les plus tristes du côté sombre de la Vierge, il arrive que celle-ci rompe une relation plus que correcte parce qu'elle est énervée et angoissée par les imperfections qu'elle y voit. Pourtant, les autres pensent que son conjoint est un bon conjoint, mais la Vierge, elle, trouve qu'il a trop de défauts. Elle le quitte donc, obsédée par le désir de trouver enfin le partenaire parfait. Ou parfois, c'est son conjoint qui la quitte — il y a des limites à endurer les critiques.

Les Vierge apprendront peut-être que la perfection dont elles ont soif n'est pas « à l'extérieur », mais « à l'intérieur » — dans leur propre cœur. Elle est la seule et unique personne capable de satisfaire son immense besoin de perfection, en faisant tout simplement son possible, et en comprenant qu'elle ne pourra jamais être parfaite, que rien ne peut être parfait. Et que l'on n'obtient pas la « perfection » à force d'exiger que le monde change. C'est là une cause perdue d'avance que maintes Vierge s'entêtent à faire triompher. Plus vite les natifs de ce signe comprendront qu'ils sont les seuls maîtres d'œuvre de leur paix intérieure, mieux ils s'en porteront.

Compatibilité

Si vous êtes d'un signe de terre, vous pouvez raisonnablement espérer entretenir une relation permanente et durable avec une Vierge. Mais là encore, tout dépend de la Vierge. Une Vierge plus évoluée peut avoir une relation durable avec n'importe quel signe, car elle accorde d'instinct la priorité à l'autre. Et la plupart des gens aiment bien cela. Cependant, avec une Vierge moins évoluée, c'est une autre histoire !

Quant aux signes d'air et de feu, ils ne sont pas très compatibles, et la possibilité qu'ils s'entendent avec la Vierge est égale dans les deux cas. Comme nous l'avons déjà mentionné, choisissez une Vierge qui soit plus évoluée (on les reconnaît aisément ; elles sont altruistes au lieu d'être égoïstes), et vos chances seront meilleures.

C'est la même chose si vous êtes natif d'un signe d'eau. Vous avez plus d'affinités avec la Vierge que les signes de feu et d'air, mais cela dépend toujours de la Vierge. Avec ce signe plus qu'avec les autres, il semble que ce soit la clé. En général, les Poissons sont assez compatibles avec la Vierge (les signes opposés s'attirent souvent).

Conseils pour améliorer votre relation

Si vous entretenez une relation avec une Vierge, homme ou femme, il vous sera très utile d'apprendre à ventiler l'angoisse existentielle que votre conjoint vous transmet. La Vierge remarque les défauts et les fautes – c'est dans sa nature –, mais vous pouvez décider de ne pas en souffrir en refusant d'être aussi négatif qu'elle. Rappelez-lui que la perfection n'est pas de ce monde. Nous sommes tous un projet en cours de réalisation. Il est vrai que votre relation sera plus paisible si vous êtes soigné et ordonné, mais vous ne pouvez quand même pas être son esclave ! Vous ne pourrez jamais être aussi zélé qu'elle, à moins que votre carte du ciel ait une forte composante Vierge. Il serait préférable que vous ayez un tempérament capable d'alléger le poids que la Vierge donne aux aspects les plus triviaux de l'existence. Donc, il est essentiel que vous ayez le sens de l'humour.

L'âme de votre conjoint Vierge est sensible et attentionnée ; elle l'est beaucoup chez la Vierge plus évoluée, car la Vierge moins évoluée n'est sensible qu'à elle-même et à ses besoins. Si votre Vierge appartient à cette dernière catégorie (et ce sera un grand défi que de rester longtemps avec elle !), faites de votre mieux pour l'accepter. Elle a besoin d'être valorisée. Son ego, malmené par les efforts qu'il fournit pour contrebalancer le sentiment de supériorité du Lion (le signe précédent), a besoin d'être encouragé. La Vierge se sent facilement rejetée et abandonnée. Elle a donc besoin de validation. Vous y arriverez mieux, non pas en chantant ses louanges et en l'applaudissant chaleureusement (comme il le faudrait avec le Lion), mais en l'assurant qu'elle fait du bon boulot, et que les choses sont aussi parfaites que possible.

Si votre Vierge devient irritable, commence à critiquer, il serait préférable de lui dire que vous n'avez pas l'intention d'endurer cela et qu'au besoin, vous n'hésiterez pas à vous éloigner pendant un certain temps. La Vierge ne rend service à personne, et encore moins à elle-même, lorsqu'elle se permet de pencher du côté sombre de son caractère et de critiquer les autres. Tentez de cultiver l'harmonie et la paix, et tenez compte de ses efforts. Donnez-lui le sentiment d'avoir de la valeur et, plus important encore, d'être indispensable. La Vierge a un besoin vital de sentir qu'on a besoin d'elle.

Balance

Le côté lumineux de la Balance

L'âme a fini, pour l'instant, de rendre service sur le plan pratique et de rechercher sans fin la perfection, deux caractéristiques dominantes de la Vierge ; elle entend retrouver une vie plus équilibrée et paisible. La Balance a pour but ultime d'atteindre l'équilibre en trouvant le juste milieu de tout paradoxe, en s'installant dans l'œil immobile de la tornade. Pour ce faire, elle examine les deux côtés de la médaille, puis décide comment agir. L'âme qui s'incarne dans le corps d'une Balance a besoin de trouver la paix de l'esprit au cœur du tumulte du monde.

La Balance, gouvernée par Vénus, la planète de la connexion, de l'attraction et de la beauté, atteint le point du cadran zodiacal où elle entre complètement dans l'âge adulte. Elle a mûri, et elle s'intéresse désormais à l'art de vivre en société. La diplomatie, les relations, la communication et le sens de la justice sont les outils dont elle dispose. Elle a pour mission de trouver le point d'équilibre entre ses besoins et les besoins d'autrui, un terrain d'entente, de compromis.

En tant que signe d'air, la Balance maîtrise l'art de la parole. Étant un signe cardinal, elle est déterminée, énergique, capable de s'intégrer à la société – posée sur le fil séparant l'extroversion de l'introversion. Pour alimenter le soleil intérieur de son âme, elle a besoin de la paix qu'apporte l'équilibre parfait.

La Balance est le premier des « signes collectifs », ce qui implique que les natifs de ce signe sont très éveillés sur le plan social. Les relations constituant son principal moteur, ceux dont le conjoint est Balance pourraient croire que, ça y est, ils ont tiré le gros lot, que leur partenaire sera un expert en la question, et que par conséquent leur relation sera parfaite, que tout ira bien.

> *La marque d'une intelligence de premier ordre, c'est la capacité d'avoir deux idées opposées présentes à l'esprit, en même temps, et de ne pas cesser de fonctionner pour autant.*
> — F. Scott Fitzgerald

Ne vous y fiez pas. Que la Balance soit le signe de l'association ne signifie pas qu'il ou elle en connaisse toutes les ficelles. Nous devons tous travailler sur nos relations, et ce, même si on est né sous le signe le mieux disposé à créer des liens ! Au contraire, les natifs de la Balance semblent avoir plus que leur part de « problèmes » de relation — ils vivent peut-être tous ces drames parce qu'ils ont trop besoin de relations et qu'ils essaient trop de comprendre comment cela fonctionne. Cela s'explique peut-être aussi par le fait qu'ils s'efforcent généralement, de « plaire à tout le monde » (ce qui signifie qu'ils oublient parfois de s'occuper de leurs proches et de ceux qu'ils aiment).

Plus positivement, la Balance est un modèle de savoir-vivre et de bienveillance. Gouvernés par Vénus, les natifs de ce signe sont charmeurs, sociables, aimables, attirants et affectueux… La Balance pense aux autres : que soit par souci de leur bien-être (Balance plus évoluée) ou pour l'effet que cela produit, et les bénéfices qu'elle peut retirer de ces autres personnes (Balance moins évoluée). Contrairement à son signe opposé, le Bélier qui pense d'abord et avant tout à lui, la Balance évoluée soupèse constamment les besoins et les volontés d'autrui et s'efforce de trouver l'équilibre. Le Bélier ne s'intéresse qu'à lui. Son signe opposé, la Balance, s'intéresse aux autres.

La Balance est naturellement encline à jouer le rôle de lubrifiant social, à apaiser le tumulte partout où elle va. C'est pourquoi les natifs de signe font d'excellents médiateurs et diplomates. Ils sont exceptionnellement doués pour identifier les différends et amener les deux parties à comprendre le point de vue de leur vis-à-vis, car eux-mêmes saisissent fort bien ce point de vue. D'où le symbole de la balance : ce signe peut pencher d'un côté, puis de l'autre. C'est le maître du paradoxe ; sa tolérance de l'ambiguïté est insurpassable, de même que son aptitude à entretenir simultanément deux pensées différentes. (En revanche, et c'est le revers de la médaille, il répugne à s'engager, à choisir un parti plutôt que l'autre – mais nous y reviendrons.)

L'entregent est l'un des points forts de la Balance, par conséquent la vie avec un tel conjoint est très sociale. La Balance réussit très bien à attirer les gens et à les mettre à l'aise – vous n'avez donc pas à craindre que vos amis n'apprécient pas votre conjoint Balance. En réalité, il deviendra très vite leur ami ! La Balance veut être l'ami de tous, et ses amis sont très importants pour lui ; il vous arrivera parfois de vous demander quel rang vous occupez. Pour la Balance, tout le monde est important et elle juge nécessaire de se montrer amicale, aimable et agréable avec tous ces « autres ». Préparez-vous donc à être tout bonnement l'un d'entre eux. Cela ne signifie pas que la Balance vous en aimera moins – mais simplement qu'elle n'arrive pas très bien à vous transmettre le message ! En d'autres mots, si l'un de ses amis a besoin d'elle, et vous pas (à ce moment précis), la Balance laissera tout tomber et volera à son secours. Que vous ayez prévu faire quelque chose cet après-midi-là n'aura aucune importance. Un ami a besoin d'elle… et blablabla. La Balance adore qu'on ait besoin d'elle, et ses amis sont une composante essentielle de son âme.

L'équité est très importante aux yeux de la Balance. L'équité et la justice l'inspirent, et elle adore entendre deux points de vue différents. L'équité est inhérente à l'opposition, c'est le juste milieu entre deux pôles opposés. Il est évident que les mots « compromis », « équité », « équilibre » et « accommodements » sont des mots typiquement Balance.

Si vous êtes en relation avec une Balance supérieurement évoluée, vous découvrirez qu'en cas de désaccord elle demeure toujours polie, même si ça se met à chauffer. Votre conjoint Balance aura la courtoisie d'écouter votre point de vue, et il s'agit assurément d'une grande qualité en matière de relation. Il juge normal d'entendre le point de vue d'autrui, car le respect des droits de chacun lui importe.

En vérité, votre partenaire Balance est l'incarnation même du savoir-vivre, car l'un de ses grands objectifs est la sérénité. La paix, la paix et encore la paix, c'est ce que la Balance souhaite de tout cœur. Tout ce que ces natifs font, ils le font dans le but de créer l'harmonie, la paix et la sérénité. Leur compagnie est souvent charmante, apaisante, et ils s'efforcent d'instinct d'alléger toute forme de stress, de soulager tout malaise, de calmer la colère et, en général, de faire en sorte que l'autre se sente mieux.

En tant que signe d'air, la Balance est très « mentale ». C'est-à-dire qu'elle se sert de la parole et de la communication pour créer la sérénité et la paix. Les natifs de la Balance mettent les gens à l'aise d'abord et avant tout par le dialogue. Ils ont le don de suivre les règles de la bienséance, de fréquenter des gens bien élevés et de se forger un réseau social. Il est tout naturel pour une Balance supérieurement évoluée de faire preuve de bon goût, d'avoir de bonnes manières et de respecter l'étiquette et la politesse. Ces personnes sont naturellement raffinées. Il va sans dire qu'en tant que son conjoint, vous devrez vous comporter ainsi. Tant mieux si vous êtes en plus séduisant et raffiné. La Balance recherche un conjoint qui puisse combler son amour de la beauté et son besoin d'être en relation. Le principe d'attraction agit fortement sur elle. Certes, cela peut sembler superficiel, mais c'est peut-être ce que la Balance doit arriver à comprendre. Mais cette leçon ne sera sans doute pas comprise ni assimilée avant que l'âme évolue vers le Scorpion, au cours d'une vie prochaine. En attendant, si vous êtes amoureux d'une Balance, sachez que son souci pour les apparences, l'harmonie et l'interaction sociale l'emporteront sur à peu près tout le reste.

La Balance doit alimenter son soleil intérieur en s'éloignant des rudesses de la vie et en trouvant la paix au cœur du tumulte. Cette âme a besoin d'alimenter son soleil intérieur en versant de l'huile sur la mer déchaînée — elle doit apaiser les turbulences en parlant doucement, en proposant un autre point de vue, en calmant les émotions excessives. Elle acquerra ce talent d'abord et avant tout en vivant des relations. Celles-ci alimentent le soleil de la Balance. L'âme incarnée dans une Balance recherche elle aussi la sérénité que procure une existence paisible et équilibrée, et il faut pour cela avoir le courage de choisir. S'entourer de beauté alimente l'esprit de l'âme de la Balance.

Le côté sombre de la Balance

La Balance est d'abord et avant tout le signe de celui qui ne prend pas position. L'équivoque, l'indécision, l'insipidité, tels sont les défauts que développe la Balance à force de toujours voir les deux côtés de la médaille. Les hommes et les femmes nés entre la fin septembre et la mi-octobre éprouvent des difficultés à choisir, car cela signifie éliminer une option. Comment choisir quand on comprend les deux points de vue ? Le seul fait de leur demander de se prononcer suffit à les décontenancer. L'éternel dilemme de la Balance consiste à choisir.

Vous vous demandez probablement ce qu'il y a de si « sombre » dans ce choix. Essentiellement, c'est parce que cette indécision crée des tensions. La Balance tient vivement à être calme, paisible et en harmonie, ce qui signifie qu'elle ne tolère pas très bien la tension et le stress. Pourtant, ces natifs arrivent difficilement à comprendre que leur attitude est en grande partie, si ce n'est totalement, à l'origine de leur stress. C'est leur incapacité à se prononcer qui engendre ce stress. On ne peut trouver la paix et l'harmonie lorsque l'on n'a pas confiance en soi.

Je vous réponds définitivement peut-être.
— Samuel Goldwyn

Si vous vivez ou avez des relations amoureuses avec une Balance, vous savez fort bien ce que j'entends par là. Une décision aussi simple (pour la plupart d'entre nous) que de choisir un plat au restaurant peut les stresser : le poisson ou le poulet ? Ou un steak peut-être ? Pauvre Balance. Sa vie peut devenir un vaste dilemme aux proportions ridicules. Pour les Balance moins évoluées, la vie est tout sauf simple. Cultiver la paix et l'équilibre est un bel idéal, mais à trop le vouloir, on risque de créer le contraire.

La vie est surtout un jeu d'équilibre. L'action et la réaction sont à la base de toute forme d'équilibre. Dans une relation, nous recherchons constamment l'équilibre. Habituellement, c'est sans en avoir conscience. L'obligeance est l'un des principaux traits de caractère des natifs de la Balance. Ils éprouvent constamment le besoin de maintenir la paix, d'en arriver à des compromis, de discuter poliment, de cultiver l'harmonie. Cela peut donner, et donne souvent, l'envie d'équilibrer cette attitude, d'une façon ou d'une autre. Le partenaire de cet être si obligeant est inconsciemment porté à équilibrer toute cette « politesse ». C'est peut-être difficile à concevoir, mais la Balance peut susciter chez son partenaire un comportement égoïste, peu attentionné, voire grossier. Et nul n'en est en plus étonné que le partenaire en question ! Telle est la nature de la psyché, elle cherche toujours à être complète. Loin de nous l'idée de dire que le goût de l'harmonie, de la politesse et de la paix n'est pas une qualité admirable. C'en est une. Mais cela peut devenir un problème quand on la privilégie au détriment d'un comportement ou d'émotions plus honnêtes.

Quand la Balance porte son masque sombre, sa personnalité semble tout sauf sombre. Elle emprunte l'apparence de l'aménité. Elle sourit gentiment tout en luttant intérieurement pour faire un choix. Elle se campe gracieusement, naïvement pourrait-on dire, à la croisée des chemins, demeure parfaitement courtoise, soucieuse de n'offenser personne, très peu disposée à emprunter une voie ou l'autre. Et elle fuit très vite devant toute situation équivoque, avant que l'on puisse la coincer et l'accuser de ne pas choisir. Mais il semble que la vie ne se montre pas aussi indulgente envers une telle ambivalence. Le fait que la Balance soit incapable de choisir, de prendre position, a des conséquences que cette façade de gentillesse et de sincérité masque bien.

Une telle indécision risque de causer plus de désaccords et de souffrances que la Balance ne le pense. En effet, comme nous l'avons déjà mentionné, son partenaire est en quelque sorte obligé d'adopter l'attitude opposée afin de maintenir l'équilibre. Donc, alors que la Balance parle toujours en bien des autres, professe la tolérance et la bienveillance envers tous — son partenaire peut s'entendre dire tout le contraire.

Lorsque la Balance défend et « fait le bien » — qu'il s'agisse d'une personne ou d'une situation —, son partenaire peut se sentir obligé d'exposer l'autre côté de la médaille. Les choses risquent alors de dégénérer en conflit ouvert. Bien entendu, la Balance s'efforcera de rester égale à elle-même et elle dira, par exemple, « Bon, je ne pense pas pouvoir supporter que tu te comportes ainsi. Je n'ai pas besoin de ça ». Puis, elle quittera les lieux.

Et vous (son partenaire), vous resterez en plan, aux prises avec votre colère, le sentiment d'avoir été mesquin et égoïste, et stupéfait d'avoir proféré — et ressenti — de telles paroles ! Vous aurez l'impression que ces sentiments vous étaient en quelque sorte étrangers, qu'ils ne venaient pas de vous. Et c'est parce que, effectivement, c'est le cas.

Ou encore, l'homme Balance (je vais encore m'en prendre aux hommes) refuse de s'engager envers sa bien-aimée. C'est un comportement typique chez la Balance, toujours hésitante. Mais permettez-moi de répéter que la Balance ressent en fait le besoin intense d'être en relation et que, par conséquent, ce défaut n'est pas aussi courant que l'on pourrait le croire. En réalité, la peur de l'engagement est sans doute plus marquée chez le Verseau. Quoi qu'il en soit, l'indécision, l'incapacité de choisir une option plutôt qu'une autre, caractérise la Balance. Celles qui tergiversent, même dans un domaine aussi vital que celui des relations, portent indéniablement le masque sombre du signe.

Si vous êtes coincée avec un homme Balance qui refuse de s'engager, lisez bien ce qui suit. Il craint de s'engager parce qu'il devrait alors éliminer des choses : le temps qu'il consacre à ses amis, la vie sociale qu'il aime tant. Il essayera d'avoir « le beurre et l'argent du beurre ». Le temps passera, il vous mènera en bateau, et rien ne changera. En réalité, plus vous vous accommoderez (encore ce mot typiquement Balance) de son incapacité à s'engager, plus la situation se prolongera, et plus cela vous rendra folle ! Jusqu'à ce que vous finissiez par comprendre ce qui se passe.

Et puis, alors ? À force de le voir refuser de choisir (de vous choisir, de s'engager, vous, son partenaire, commencerez à vous comporter d'une façon dont vous ne vous saviez pas capable. Vous vous pensiez indépendante, et voilà que vous vous transformez en ventouse, que vous accrochez pitoyablement à lui chaque fois que c'est possible. (En passant, inversez les genres et c'est la même histoire.) Plus il hésite à s'engager, plus vous tenez à être avec lui ! De toute évidence, ce n'est pas bien. Ne serait-ce que parce que ce désir de vous « lier » (pour contrebalancer le fait que lui évite tout lien) peut vous empêcher de voir qui il est vraiment. Plus vous le pressez de s'engager, plus il fuit l'engagement. Vous commencez à perdre votre lucidité. Votre désir de l'amener à prendre une décision ferme, dans un sens ou dans l'autre, risque d'oblitérer les signaux d'alerte.

Le fait que la Balance soit incapable de s'engager fermement, envers quoi que ce soit, cause parfois bien du ressentiment, et pas uniquement chez ses partenaires. Ses amis peuvent, eux aussi, être blessés par les « trahisons » dues à son côté incolore et inodore. Par exemple, un couple divorce. Son copain Balance décide de ne pas décider qui il soutiendra. En d'autres mots, il reste à la croisée des chemins. L'homme est un bon ami, mais la Balance a du plaisir à côtoyer sa femme — donc que fait-il ? Vous avez tout compris : il essaie d'avoir le beurre et l'argent du beurre. Il s'arrange pour maintenir ses liens avec chacune des deux parties pendant un certain temps, peut-être même longtemps. Mais cela finira par se savoir. L'Univers n'endosse pas l'indécision. Un jour viendra où l'une des deux parties se rendra compte de la trahison émotive de la Balance et décidera qu'elle ne la supporte plus.

La Balance moins évoluée aime être en société, et d'ordinaire peu de choses l'en empêcheront. C'est le type qui préférera se rendre à une fête accompagné de l'ancienne conjointe qui a trompé et très mal traité son meilleur ami au lieu de rester avec celui-ci. (Le premier choix est amusant, le second moins.) Aucun autre signe ne peut agir ainsi avec autant de désinvolture, ou de naïveté, que la Balance moins évoluée. Chacun de nos choix définit qui nous sommes et quelles sont nos valeurs. La Balance plus sombre compromet sa propre intégrité et malmène ceux-là mêmes qu'elle affirme chérir lorsqu'elle accorde la préférence à son goût pour les mondanités au détriment de sa loyauté. Ces personnes aussi sociables qu'insaisissables peuvent mettre du temps à découvrir la vérité : qu'à force de manquer ainsi de loyauté, sous prétexte d'être « l'ami de tous », ils blessent les gens qu'ils prétendent aimer.

Rien ne bouge quand l'équilibre est parfait. Nous sommes contraints de faire des choix, car ce sont nos choix qui nous font évoluer. Que les Balance n'oublient pas ceci : ceux qui réussissent le mieux sont ceux qui prennent rapidement des décisions, et qui les maintiennent. Et bien que les talents de médiation, de diplomatie, d'équité et d'équilibre de la Balance soient précieux, il faut aussi savoir que l'on doit parfois, après avoir analysé les deux côtés d'une situation, prendre parti.

Compatibilité

Les signes d'eau peuvent être attirés par la Balance. Les compatibilités entre les signes solaires sont toujours des généralisations ; il faudrait en fait tenir compte de l'ensemble de la carte du ciel pour établir la compatibilité. Cependant, en général, les signes d'eau, en dépit de leur attirance pour les Balance, finissent souvent par se demander tristement ce qui a bien pu les séduire. La

Balance ne semble tout simplement pas saisir qui vous êtes dans le fond.

Si vous êtes d'un signe de terre, ce sera ardu, car toutes les relations entre l'air et la terre le sont. Vous avez été attirés l'un vers l'autre dans le but d'apprendre quelque chose, spécialement de trouver l'équilibre entre le côté social et le côté pratique de l'existence.

Les signes de feu et l'aérienne Balance peuvent très bien s'entendre. L'air attise les flammes, et le feu a besoin d'air pour vivre. Cette relation peut s'avérer mutuellement satisfaisante, surtout si des influences plus terre-à-terre viennent accroître ses chances de durer.

Quant aux autres signes d'air, soit les Gémeaux et le Verseau, ils sont les compléments naturels de la Balance. Toutefois, l'excès d'harmonie, comme tout excès, peut devenir néfaste. Cette union risque de s'épuiser d'elle-même à cause d'un excès de compatibilité mentale. Autrement dit, elle devient ennuyeuse. Ce couple devra pouvoir compter sur des aspects plus excitants de leur synastrie (comparaison de leurs thèmes) pour entretenir une relation durable.

Conseils pour améliorer votre relation

Si vous entretenez une relation avec une Balance plus sombre, qui refuse de prendre la moindre décision, la meilleure chose que vous puissiez faire pour votre union est de vous montrer plus ferme. Il n'est pas toujours facile d'être le gentil garçon de service, et vous soulagerez votre Balance d'un grand poids en étant celui qui prend les décisions. N'oubliez pas que pour votre cher diplomate, décider est une vraie torture. Il tentera d'y échapper le plus souvent possible. Il va de soi que certaines décisions lui appartiennent entièrement. Mais pour celles concernant votre relation, apprenez à vous montrer ferme. Si vous commencez à tergiverser, comme lui, vous régresserez. Il serait également utile que vous déterminiez ensemble quels choix incomberont à chacun. En vous y prenant ainsi d'avance, vous vous épargnerez d'horribles disputes, et vous vous sentirez moins obligé (inconsciemment) de pallier l'indécision et l'obligeance excessives de votre partenaire.

Si vous sortez avec un natif de la Balance et souhaitez qu'il s'engage, ayez le courage de le quitter. Il lui faudra peut-être un peu de temps pour comprendre qu'il risque de vous perdre et qu'il doit s'engager clairement. Il vous faudra toutefois faire preuve de fermeté. Tant et aussi longtemps que vous tolérerez son indécision, il ne fera rien. Sachez qu'il a besoin d'être en couple ; il a plus besoin de vous que vous ne le pensez. En ayant le courage de rompre jusqu'à ce qu'il s'engage fermement, vous l'aiderez à comprendre que sa vie est terne et vide en l'absence de relation amoureuse.

Scorpion

Le côté lumineux du Scorpion

L'âme qui s'incarne dans le Scorpion apprend à vivre intensément. C'est l'âme qui a besoin de plonger dans les grands abysses. La vérité profonde et l'honnêteté alimentent l'âme du Scorpion. Celui-ci ne peut pas vivre superficiellement. Il est sur cette terre pour goûter à la vie dans toute son intensité, et il sait qu'il pourra y survivre. Il arrive blessé, mais il partira guéri.

Le signe du Scorpion est associé à tout ce qui est interdit et dangereux, car il est gouverné par Pluton, le dieu du monde souterrain. Chez le Scorpion, l'âme ne se soucie guère des petits jeux sociaux, du savoir-vivre, de la diplomatie, de l'équité, de la gentillesse et de l'ambiance superficielle des cocktails. Une seule chose intéresse ce signe : sonder les profondeurs. La vérité, dans sa pureté, sa nudité et sa vulnérabilité les plus extrêmes, est son royaume. Sa quête : guérir, se transformer, fusionner, grâce à la sexualité ou à de profonds échanges psychologiques. Le Scorpion est le shaman, la femme avisée, le guérisseur meurtri — dont la mission, dans cette vie, consiste à élever les profondeurs de l'inconscient jusqu'à la lumière du conscient.

Il semble beaucoup plus logique, dans le cas du Scorpion, de passer directement au côté sombre. Dans son univers, l'amour n'est jamais léger. Comment un signe baptisé Scorpion pourrait-il éviter la souffrance ? La nature virulente, létale, de son homonyme exprime le lien qu'entretient ce signe avec les blessures. L'amour,

Je connais le fond, dit-elle.
Je le connais par le pivot
de ma grande racine :
c'est ce qui te fait peur.
Moi je n'en ai pas peur :
je suis allée là-bas.
— Sylvia Plath

comme chacun le sait, nous offre mille occasions de nous blesser. Mais là où il y a blessure, il y a aussi, pas très loin, la guérison. Et la guérison est une affaire typiquement Scorpion. Celui-ci connaît mieux que quiconque la véritable nature, la nature profonde, des relations, car il sait que celles-ci ont largement trait à la guérison (bien que ce savoir puisse être en grande partie inconscient).

Le natif du Scorpion adore l'idée de fusionner. Et qu'est-ce qu'une relation amoureuse si ce n'est la quête de fusion avec autrui ? Chez le Scorpion, le désir de s'unir dans le but de se transformer, de devenir « entier », de s'intégrer, est inné. Donc, pour l'homme ou la femme Scorpion, l'amour, les relations et la sexualité sont vitaux. Alors que la Balance recherche l'union afin de combler son besoin pressant de « se relier », le Scorpion, lui, recherche la véritable intimité que procure un échange profondément psychologique, capable de lui consumer l'âme, afin de combler son besoin pressant de fusionner, de se transformer, de devenir entier — et par conséquent, de guérir.

N'oubliez pas que chaque signe contrebalance en quelque sorte le signe précédent. La Balance peut se montrer désinvolte et superficielle dans son désir perpétuel d'être gentille. Puis, le Scorpion arrive et balaie du revers de la main le babillage insignifiant des soirées mondaines et cherche à atteindre directement la jugulaire. Alors que la Balance veut qu'on l'aime, le Scorpion veut être véridique — et d'ordinaire, les deux ne vont pas de pair. Il est difficile d'être à la fois profondément honnête et de sourire gentiment. La Balance est la bouche, le Scorpion, les yeux. La Balance est un signe d'air et elle adore bavarder ; le Scorpion est un signe d'eau fixe. Pensez à l'expression « il faut se méfier de l'eau qui dort », cela décrit bien le Scorpion.

Une honnêteté inflexible associée au désir d'aller au cœur du sujet, quel qu'il soit, constitue la plus grande force, le côté lumineux du Scorpion. Cette fascination pour tout ce qui est caché donne aux natifs du Scorpion une sorte de charisme. Leur regard est pénétrant. Les yeux étant le miroir de l'âme, ils laissent entrevoir la profondeur et l'intensité de la psyché du Scorpion. Cette âme recèle de sombres abîmes qui doivent être découverts et illuminés par la lumière du jour — et les yeux du Scorpion indiquent tout le pouvoir qui s'y trouve.

Si l'honnêteté brutale qu'une telle expédition implique ne vous effraie pas, et si la perspective de plonger dans les abysses de la psyché vous excite, alors vous serez parfaitement heureux avec un Scorpion comme amoureux. Mais si tout ceci vous semble un peu trop sombre et lourd, vous devriez alors songer à vous trouver un gentil et léger Gémeaux. Quoi qu'il en soit, votre conjoint Scorpion attirera à lui — ou sera attiré par — le côté sombre, interdit et caché de la vie. Ce sera la quête de toute sa vie que d'extraire les trésors enfouis sous les excréments. Le

Scorpion dont la quête est moins réussie risque de s'embourber lui-même dans ces excréments, comme on le constate chez ceux qui sont attirés par le monde souterrain, qui vivent dans l'obscurité. Mais les autres, les plus évolués, se servent de leur profondeur pour se guérir eux-mêmes d'abord, et les autres ensuite. En raison de leur connaissance instinctive de la vérité et de leur courage de s'y attaquer, ces gens sont de grands guérisseurs.

Le Scorpion plus évolué a ce potentiel, mais son parcours n'est pas de tout repos. Il est semé d'obstacles sinistres et dangereux, et des victimes – et de ceux qui veulent se venger – de la piqûre mortelle du scorpion. Mais il en sera récompensé par la puissance personnelle et la paix intérieure que l'on obtient lorsque l'on connaît réellement la vie de l'intérieur, dans toute sa laideur et dans toute sa beauté.

Le Scorpion, celui qui a déjà accompli un certain travail de guérison, celui qui est conscient, est un individu très puissant. Lorsque cet amant des ténèbres atteint son côté lumineux, il devient un Scorpion ayant transcendé les éléments négatifs de l'obscurité, et il en émerge plus unifié et conscient que quiconque. Ces Scorpion dégagent de la puissance, du magnétisme, du charisme. Ils possèdent un immense pouvoir personnel qui leur procure une grande richesse financière, ou la capacité de guérir les autres ou sinon de les influencer d'une manière susceptible de les transformer profondément.

En matière de relations, ces Scorpion font montre de compassion et de soutien, d'une manière bienveillante, mais puissante. Cette compassion leur vient de leur profonde et douloureuse connaissance de la tragédie et de la souffrance humaine. Cette souffrance, le Scorpion la connaît bien, même si c'est par personne interposée.

Si votre conjoint est l'un de ces Scorpion, il vous écoutera, sentira ou vous percevra à un niveau qui se situe au-delà des cinq sens. Un lien psychique, placé sous la puissante protection de l'Univers lui-même, vous reliera à lui.

Si vous êtes amoureux d'un Scorpion, votre vie sera intense – passion, jalousie, érotisme… des sentiments aussi extrêmes risquent toutefois de pencher du côté sombre, vous devrez donc demeurer lucide.

Il ne faut pas traiter le Scorpion à la légère. S'il s'est emparé de votre cœur, préparez-vous à plonger avec lui dans les grandes profondeurs. Une personne connaissant et ressentant réellement la vie, sa source même, dont jaillit tout pouvoir, peut vous apporter beaucoup. Cette relation, cette liaison, vous secouera comme jamais auparavant. Mais elle vous mènera plus profondément, plus haut et plus loin que vous ne l'auriez imaginé, car vous êtes avec « quelqu'un qui sait ». Le Scorpion sait que la vie se vit sur le plan visible, mais qu'elle naît sur le plan invisible. Notre vivons dans le monde visible, mais c'est l'invisible qui détient le programme et le pouvoir. Avec un Scorpion comme partenaire, vous vous trouvez lié à un être qui connaît instinctivement l'invisible. Et, s'il est parmi les plus évolués, il possède le don d'utiliser cette compréhension, ce savoir inné, et de le transformer en pouvoir et en force dans le monde visible, matériel. Avec un Scorpion véritablement conscient, l'existence est une aventure dans l'invisible, source de tous les pouvoirs.

Le Scorpion doit alimenter son soleil intérieur en vivant intensément. La passion, la vérité et la vulnérabilité brute inhérentes à l'intensité alimentent l'esprit du soleil du Scorpion. Cette âme a besoin d'affronter les processus profonds, inconnus et cachés de la vie, et de les amener à la conscience. Privé de cette profondeur, le soleil intérieur meurt lentement de soif ; l'esprit n'anime plus le corps. Le Scorpion doit se créer une existence où il pourra souvent flirter avec le côté sombre – le côté interdit, caché, psychologique – et, en exposant et en comprenant celui-ci, se transformer, autant lui-même qu'autrui. Le monde de l'invisible alimente le soleil intérieur du Scorpion et donne vie à sa personnalité.

Le côté sombre du Scorpion

Freud ne s'intéressait qu'au « soubassement de l'être humain », affirmait-il. Par « soubassement », il entendait le contenu obscur, supprimé et réprimé de l'esprit. Tout ce qui est jugé trop effrayant pour appartenir au conscient est relégué dans l'inconscient (l'obscurité). Freud, d'ascendant Scorpion, était fasciné par la notion souterraine de « l'instinct de mort » – et préoccupé par la sexualité, une sphère de l'existence qui bascule souvent dans l'obscurité.

La plupart des Scorpion ont, au fond d'eux-mêmes, une certaine compréhension de l'instinct de mort, des pulsions autodestructrices. Une fascination malsaine pour ces pulsions constitue le côté sombre du Scorpion. Si cette fascination est moins marquée, le Scorpion éprouvera le désir d'assimiler tout ce qui est redouté, ou tout ce qui exerce ce genre de pouvoir – pour en ressortir transformé, ou renaître à une nouvelle identité. La peur est liée au sentiment d'impuissance, et c'est ce sentiment que le Scorpion est appelé à vaincre.

Ceux qui basculent du côté sombre du Scorpion s'intéressent plus à la mort et à la destruction qu'à la mort et à la transformation. Ces deux aspects sont du domaine du Scorpion, et comme nous l'avons vu précédemment, le Scorpion de conscience supérieure retirera une compréhension positive de ces processus. Mais ce n'est pas le cas de celui qui se trouve du côté sombre de ce signe – et ces individus peuvent véritablement basculer dans la plus grande obscurité. (Charles Manson est l'incarnation du côté sombre du Scorpion.)

Il y a chez ces Scorpion une tendance naturelle à se maîtriser ou à se contenir, engendrée par la peur d'être assujetti à quelqu'un ou à quelque chose. Le Scorpion est associé à la notion de pouvoir, qu'il s'agisse de pouvoir personnel ou collectif.

Le Scorpion est gouverné par Pluton. En astrologie, Pluton symbolise le pouvoir et toute chose cachée, interdite, dangereuse et terrible. C'est le pouvoir du cataclysme, de la catastrophe naturelle, de l'anéantissement de la maison ou des conditions de vie — à la suite d'une grande trahison et d'un divorce, ou par la mort. Pluton symbolise le pouvoir, car il est l'équivalent de l'inconnu, du caché, et c'est l'inconnu qui exerce le pouvoir (par la peur) dans notre univers polarisé.

Seul le soubassement de l'être humain m'intéresse.
— Sigmund Freud

La peur ultime est celle de la mort parce que la mort est l'ultime inconnu. La mort est le premier ennemi de l'ego, car ce dernier sait que lorsque viendra la mort, sa « vie » sera terminée, ce qui est tout à fait vrai.

Étant gouvernés par le dieu de la destruction et de l'annihilation, les Scorpion semblent être exposés plus souvent que le commun des mortels à de tels « événements » au cours de leur existence. L'aspect d'une personne qui est touché par l'énergie du Scorpion — dans ce cas, le soleil, ou l'ego conscient — entretiendra d'une façon ou d'une autre des liens avec le côté sombre de la vie, ou ce sera ce côté sombre qui entretiendra des liens avec lui.

Ceci se manifestera chez votre partenaire ou amoureux de plusieurs manières. S'il s'agit d'un Scorpion moins conscient, cela pourrait prendre la forme de violence, ou de secrets sombres, honteux — des choses aussi taboues que le viol ou l'inceste, ou un squelette dans le placard familial ; voire d'un squelette qu'il aurait peut-être dépecé lui-même.

Il pourrait entretenir des liens avec le monde interlope ou avec des personnages appartenant à des sous-groupes, comme des criminels, des revendeurs de drogue, des prostitués, etc. Nous n'entendons pas par là que votre conjoint Scorpion sera l'un de ces personnages, mais plutôt qu'il entretiendra d'une manière ou d'une autre des liens avec cet univers, peut-être par l'intermédiaire d'un membre de sa famille ou par un événement qu'il aura vécu dans son enfance — ou en devenant une victime au cours de sa vie. Ou bien, il aura été profondément blessé par une trahison d'ordre personnel.

Vous remarquerez que votre Scorpion est entouré d'une aura d'impénétrabilité. Elle vient de la peur qu'engendre Pluton. L'inconnu fait peur, uniquement parce que c'est l'inconnu. C'est cela, de même que la peur d'être contrôlé, dominé et envahi par une autre personne ou une autre force, qui érige cette barrière autour des Scorpion. Nul n'est plus méfiant qu'un Scorpion sombre, nul n'est plus circonspect ni suspicieux. Il y a chez lui une attitude défensive innée, une sorte d'interdiction de s'en approcher de trop près. Il ne s'agit en rien du « retrait dans sa coquille » du Cancer, l'enfant peureux de la Lune qui tente ainsi d'échapper à la souffrance. Non, l'attitude défensive du Scorpion ressemble plus à la vigilance de celui qui se prépare à la guerre. Ces gens savent garder un secret mieux que quiconque, car ils savent que les secrets constituent l'assise du pouvoir.

N'allez donc pas espérer que votre amoureux Scorpion vous révélera tout. Ceux qui sont plus évolués le feront peut-être, car ils auront découvert la beauté, et la nécessité, d'accorder sa confiance, mais la plupart ressembleront à leur symbole – le scorpion – toujours aux aguets, prompt à se protéger du danger, la queue dressée, et prêt à attaquer. Le Scorpion protégera férocement toute sorte de secrets. Vous vous interrogez sur sa situation financière ? Oubliez ça ! Il préférerait mourir à petit feu dans d'atroces souffrances plutôt que de vous en parler. Osez aborder le sujet de sa famille dysfonctionnelle, et vous vous exposez à être perforé de son dard, vivement et douloureusement.

Non, avec de telles personnes, vous devez attendre le bon moment et établir un climat de confiance avant de même songer à pénétrer dans leur intimité. Et même alors, il y a des choses que vous ne saurez jamais. Ironiquement, nul n'est plus adroit pour vous soutirer vos secrets ! Avant que vous vous en rendiez compte, votre Scorpion, avec son instinct pour l'honnêteté et son penchant pour la profondeur, aura obtenu que vous lui confiiez toutes les souffrances de votre passé, tous vos rêves présents et tous vos espoirs pour l'avenir. Personne n'a dit que ce signe était simple.

Compatibilité

Si vous êtes vous-même d'un signe d'eau, vous aurez un lien inné que l'on pourrait qualifier de « psychique ». Ce lien pourrait se révéler assez fort pour que votre ego supporte les assauts que le Scorpion, dans sa quête de vérité, vous fera inévitablement subir. Et comme vous êtes d'un signe d'eau, ce lien est peut-être fort parce qu'il est forgé dans des rapports profondément érotiques. Votre relation sera faite de passion et d'intensité, de désir et de compulsion — elle sera absorbante, brûlante et dévorante. (Vous êtes prévenu.)

Si vous êtes d'un signe de terre, la nature très émotive du Scorpion viendra étancher la soif qui vous dévore à trop vivre dans le monde « réel ». Vous serez ancré assez solidement au sol pour résister aux incursions de votre amoureux dans le monde souterrain et aurez la stabilité et le réalisme nécessaires pour tolérer sa nature secrète.

Et si vous êtes de feu ou d'air, c'est donc que l'Univers veut vous enseigner quelque chose. Soyez vigilant. Se lier à un Scorpion — lumineux ou sombre (et inévitablement, un peu des deux), c'est se lier avec la force même de la vie. Vous ne vous reposerez pas. Vous vivrez vraisemblablement des émotions intenses — jalousie inconsidérée, rage meurtrière, incursions « interdites » dans la conscience sous forme de désirs sexuels illicites ou de pulsions destructrices. Est-ce que cela vous suffit ?

Au cas où j'aurais dressé un portrait trop sombre, voici une autre facette de votre relation. Votre amoureux vous conduira à explorer les recoins les plus reculés de votre propre âme. Il vous montrera ce que vous devez voir afin de pouvoir guérir ce qui doit être guéri. En revanche – si vous faites ce qu'il faut – vous en sortirez unifié, guéri, assaini. Pour votre propre bien, il est vital que vous soyez aussi conscient que possible dans cette relation. Le Scorpion est blessé de naissance, et l'origine de cette blessure se situe au-delà de cette vie. Il vous faudra en être conscient pour progresser sur ce sentier parfois périlleux. Vous devrez avoir l'esprit clair pour faire la distinction entre sa souffrance et la vôtre.

C'est trop facile de tomber dans le lit du Scorpion, de céder à l'appel des sens, de vivre des rapports sexuels profonds capables de vous envoyer dans la stratosphère (ou de vous précipiter dans l'enfer qui brûle au centre de la Terre), mais vous devez garder à l'esprit le véritable sens de votre badinage avec l'invisible. Au cœur de la vérité présente dans chaque rencontre avec un Scorpion se trouve votre propre vérité, la révélation de qui et de ce que vous êtes vraiment. Le Scorpion est l'alchimiste divin, capable de redonner son unité à votre âme. Se lier à un tel « agent de transformation », c'est vivre avec son guérisseur. En fin de compte, vous aurez la possibilité de vous remettre des souffrances que la vie vous a infligées et d'émerger, comme le papillon sortant de la chrysalide (la métamorphose est un processus typiquement Pluton-Scorpion), transformé et prêt à prendre votre envol. Tel est le but véritable, la nécessité évolutionnaire, de votre attirance envers votre conjoint Scorpion.

Conseils pour améliorer votre relation

Entretenir une relation avec un Scorpion n'a rien de léger. L'intensité semble se glisser dans les moindres fissures de l'existence. Le secret consiste à savoir quand l'intensité est bienvenue et quand elle ne l'est pas. De toute évidence, c'est votre vie intime qui servira d'arène à cette intensité, c'est là que les blessures sont le plus profondément avivées et, si tout va bien, guéries. La sexualité est en fait une métaphore de la transformation, d'où la réputation bien établie du Scorpion en ce domaine. Si l'on veut guérir, il faut être assez courageux pour se montrer vulnérable tout en restant conscient de ses propres besoins et de ses propres limites. Votre conjoint Scorpion recherche instinctivement à se guérir par la sexualité. En être conscient, respecter ce besoin, le traiter en rituel sacré qu'il doit être — voici la meilleure façon de prendre soin de votre Scorpion.

Quant aux autres aspects de votre vie, il serait sage que vous tentiez d'alléger l'ambiance en refusant de vous enfoncer trop profondément dans la boue. Par exemple, si votre conjoint détruit quelqu'un en paroles, ne participez pas. Efforcez-vous de le distraire et de le ramener au milieu du sentier. Il a besoin, en de telles circonstances, d'entendre la voix de la raison ; sinon, sa nature risque de l'entraîner trop loin. S'il est parfois nécessaire de se montrer férocement honnête, il est également nécessaire parfois de faire preuve de tolérance, de se libérer des sentiments négatifs et de remonter à la surface. Avec un peu de chance, le fait de comprendre que votre Scorpion ne fait que rechercher la vérité — dans le but de guérir ses propres blessures — vous permettra de vous protéger de la souffrance qu'une telle vulnérabilité suscite. Vous serez appelé à vous montrer honnête, ici, dans cette relation — et il s'agit là d'une merveilleuse chance que l'on offre à votre âme. Ce n'est pas une mince tâche de savoir comment canaliser tout ça, comment s'en servir à son avantage, mais c'est une tâche très gratifiante. Le don le plus précieux que vous puissiez apporter à votre relation est d'empêcher votre conjoint Scorpion de basculer du côté sombre et, si cela lui arrive malgré tout, de le réconforter et de l'aider à guérir. Son parcours jongle avec la vie et la mort, et en affrontant la mort (toute fin est une mort), vous découvrirez tous deux le sens de la vie.

Sagittaire

Le côté lumineux du Sagittaire

L'âme qui s'incarne dans le Sagittaire tourne à plein régime, et elle est prête à éveiller sa conscience au sens, à la signification. C'est le but ultime du Sagittaire. Tout ce que le Scorpion a vécu en matière de profondeur et d'intensité a été assimilé, et le temps est venu de connaître la légèreté et l'aventure !

La forme veut m'enchaîner et me contraindre, mais, moi, je veux étendre mon être jusqu'aux confins de tous les horizons.
— Ernst Stadler

Le Sagittaire est un signe mutable, une bouffée d'air frais après toute la noirceur et l'intensité du signe d'eau fixe qu'était le Scorpion. Le Sagittaire se saisit de la sagesse glanée au cours de la phase Scorpion et, comme le symbolise sa flèche pointée vers le ciel, la projette — exprimant son vif désir d'élargir ses horizons et de donner un sens à ce qui était auparavant enfoui dans l'inconscient. L'âme du Sagittaire a la ferme intention de découvrir que la vie a un sens, et elle est prête pour cela à se rendre au bout du monde s'il le faut.

Le Sagittaire est enthousiaste, optimiste, sociable et extraverti. Il possède la passion et la chaleur des autres signes de feu, soit le Bélier et le Lion, mais son cœur est celui d'un gitan, et son âme celle d'un philosophe. Cette âme connaît d'entrée de jeu les lois naturelles de la justice et de la vérité. Le temps est venu pour elle de canaliser cette compréhension et de forger son propre système de valeurs, de développer sa propre philosophie à partir de ses nombreux voyages et de ses multiples aventures.

Gouvernée par Jupiter, la bienveillante planète de la chance, l'âme, pendant sa vie comme Sagittaire, est préparée à jouir d'une bonne vie.

Si votre amoureux est né sous le signe du centaure, vous aussi aurez de la chance, car la bonne fortune frappera souvent à votre porte, ne serait-ce que parce que l'attitude optimiste du Sagittaire, qui s'attend toujours au mieux, la créera : l'énergie obéit aux pensées.

Jupiter a la réputation d'être le grand bienfaiteur du cercle planétaire ; à ce titre, il distribue des récompenses, des occasions et, en général, de belles choses à ceux dont il touche l'énergie (qu'il figure dans leur carte du ciel, y soit en transit ou en progression). N'a-t-il pas l'air nettement plus aimable que la planète qui gouverne le Scorpion – c'est-à-dire Pluton, le dieu du monde souterrain ? Mais l'âme née sous les vibrations du Sagittaire en a terminé avec le Scorpion et a atteint la prochaine phase de son existence. Son parcours sera bien différent.

La vie avec votre conjoint Sagittaire sera excitante, car le Sagittaire aime et vit à fond. Les voyages, parce qu'ils offrent la possibilité de faire une foule d'expériences nouvelles, seront fréquents ; des gens nouveaux et intéressants croiseront votre route, les occasions seront saisies sur-le-champ, car sinon ce serait refuser les présents que l'Univers dépose à vos pieds. Si une occasion se présente, saisissez-la ! Telle est la philosophie du Sagittaire supérieurement évolué.

Les natifs du Sagittaire ont une plus grande soif de liberté que la moyenne des gens, car ils entendent explorer le monde – extérieur et intérieur – afin de découvrir le sens de la vie. Ils ont un grand désir de vérité et de justice ; c'est pourquoi le Sagittaire règne sur l'éducation supérieure, la philosophie et la loi. Le Sagittaire a besoin de liberté d'action, d'expression et de pensée pour, dans un premier temps, comprendre et, ensuite, transmettre ou enseigner ce qu'il a appris. Partager la vie d'un Sagittaire est, d'abord et avant tout, une aventure. Soyez donc toujours prêt à enfiler votre manteau et à vous précipiter dehors, la vie ne vous attendra pas et lui non plus.

Il est important que vous compreniez cela si vous entretenez une relation avec un fils ou une fille du centaure, car la liberté est en quelque sorte l'antithèse de toute association. Elle s'oppose à la notion de « sécurité », l'un des piliers de toute relation durable. Dans une relation, nous sommes souvent appelés à restreindre notre liberté personnelle pour le bien du couple – la vie à deux n'est pas aussi insouciante que celle du célibataire. Pour le Sagittaire, c'est parfois dur à avaler. Ces individus détestent être enchaînés. Ils ont besoin de s'immerger totalement dans la vie – par conséquent, ils ont de la difficulté à accepter tout ce qui peut les en empêcher. Les natifs du Sagittaire aiment savoir que la porte demeure toujours ouverte, et qu'ils peuvent la franchir sans préavis. Les relations peuvent être pour eux semblables à une cage dont la porte serait verrouillée.

Voici un paradoxe intéressant : le Sagittaire veut comprendre le sens de la vie, et les auteurs d'œuvres portant sur la spiritualité s'entendent pour affirmer que le sens de la vie est lié à l'amour ; le centaure sait donc qu'il doit emprunter la voie du cœur. Toute relation durable implique inévitablement des sacrifices sur le plan individuel, ce qui semble contredire le besoin de liberté du Sagittaire. Certains Sagittaire empruntent la voie du cœur avec une belle régularité — ils passent allègrement à la prochaine aventure dès qu'ils ont le sentiment d'avoir tout appris ce qu'il y a à apprendre de la présente. Dans leur quête d'expériences nouvelles et du sens de la vie, ils ne se reposent jamais et gardent toujours le regard tourné vers l'avenir.

Vous voici prévenu, si vous êtes le partenaire d'un fils ou d'une fille du centaure : suivez le jeu, restez intéressé et intéressant, continuez également d'apprendre, car votre Sagittaire n'est pas du genre à aimer la routine. Le Sagittaire est un signe de feu et qui plus est, un signe de feu mutable — donc, en constant mouvement, passionné. Il est extrêmement exubérant et enthousiaste.

La plupart des Sagittaire regardent vers l'avant ; l'avenir les intéresse et, d'ordinaire, ils l'envisagent d'un œil positif et rempli d'espoir. Comme ils sont optimistes et instinctivement tournés vers le futur, les Sagittaire sont de bons consultants, conseillers, professeurs et conférenciers.

Lorsque l'on a un conjoint Sagittaire, la vie n'est jamais ennuyeuse. En ce sens, le Sagittaire ressemble au Gémeaux. Tous les signes fonctionnent en paires binaires opposées, et le signe opposé au Sagittaire est le Gémeaux. Mais alors que le Gémeaux veut apprendre pour le seul plaisir d'apprendre, le Sagittaire, lui, veut se saisir de ce savoir et en tirer des enseignements significatifs.

Pour le Sagittaire plus évolué, la vie est une aventure, et cette aventure doit être significative. Pour donner un sens à quelque chose, on doit évidemment établir un lien entre ce que l'on vit à l'extérieur de soi et ce que l'on vit à l'intérieur. C'est là une activité à laquelle le Sagittaire consacre beaucoup de temps. Il y a dans sa façon de savourer chaque expérience un enthousiasme communicatif qui ne tient pas uniquement au fait qu'il vive une expérience en soi, mais surtout aux enseignements qu'elle lui apporte. Et, en tant que son conjoint, préparez-vous à lui dire régulièrement au revoir si vous n'êtes pas aussi friand que lui d'expériences nouvelles.

Le Sagittaire plus évolué, plus lumineux est l'incarnation même de l'intellectuel visionnaire, philosophe, prophète, noble de cœur. Cette médaille a un revers— nous y viendrons plus loin —, néanmoins les traits de caractère les plus positifs de ce signe ont vraiment de quoi illuminer la vie de ceux qui l'entourent. D'une manière ou d'une autre, ils arrivent toujours à voir le bon côté des choses. Dotés d'une conviction inaltérable que tout ira pour le mieux, ils réussissent à merveille à remonter le moral des troupes et à faire en sorte que les autres se sentent mieux. Le Sagittaire est parfois un peu trop optimiste, mais ne trouvez-vous pas cela préférable à quelqu'un de défaitiste ?

Votre conjoint Sagittaire suivra ses passions avec fougue, et se montrera tout aussi enthousiaste envers les vôtres. Si vous voulez flamber de l'argent en pariant sur des courses, il approuvera. Pareillement pour les voyages. Pour le Sagittaire, l'argent dépensé pour voyager est de l'argent sagement dépensé. Comment peut-on espérer élargir ses horizons si l'on s'enferme à la maison ?

En fait, la question est stupide, car si quelqu'un peut y parvenir, c'est bien le Sagittaire. Les voyages intérieurs lui apportent autant de joie que les voyages extérieurs. Pour le centaure, apprendre est un processus continu, qui dure toute la vie : si ce n'est pas de façon conventionnelle par des études supérieures, ce sera en autodidacte, en suivant des cours en ligne ou en se documentant à fond sur le sujet qui l'intéresse actuellement. Le Sagittaire a l'esprit large et de synthèse. Ses positions éthiques et morales sont solides et vont de pair avec sa conscience innée de la « vérité et de la justice ».

Oprah Winfrey a la Lune en Sagittaire, et elle devenue milliardaire grâce à son émission de télévision axée sur la conscience sociale. Le Sagittaire possède un sens aigu de ce qui est bien, juste et moral – et le talent d'amener les autres à partager son point de vue.

Le Sagittaire est merveilleusement généreux. Mais vous le savez déjà si votre conjoint ou quelqu'un que vous aimez est né sous le signe du centaure. Avec son cœur exubérant, le Sagittaire est toujours prêt à partager ses biens matériels avec autrui. Pour être plus juste, mentionnons qu'une Lune affaiblie en Sagittaire, ou un aspect de ce genre, peut venir tempérer ce trait de caractère, causant ainsi des craintes sur le plan de la sécurité matérielle –, mais la plupart des natifs de ce signe sont réputés pour leur générosité ; ils possèdent une nature bienveillante et charitable. De nombreux philanthropes sont nés sous le signe du Sagittaire, et ils ont un profond sens civique. Le Sagittaire est le premier des signes universels, ou « transpersonnels », ce qui signifie qu'ils sont conscients de façon innée que les besoins du plus grand nombre surpassent les besoins individuels.

Si vous aimez la vie trépidante, l'aventure, l'ouverture d'esprit et de cœur, vous avez tiré le bon numéro avec le Sagittaire. Il est toutefois préférable que vous gardiez constamment à l'esprit le fait que chaque fibre de son corps et de son esprit a soif de liberté — sinon, vous risquez d'être un tantinet déçu. Si vous êtes assez grand pour être aussi grand que votre partenaire et pour « laisser » la liberté faire partie de votre relation, vous jouirez de toutes ces choses. Si vous essayez d'empêcher l'âme de votre amoureux de suivre sa voie, d'explorer — hum, eh bien, vous vous engagez dans une entreprise hasardeuse, car le Sagittaire ne supportera pas très longtemps d'être enchaîné. Bonne chance !

Le Sagittaire doit alimenter son soleil intérieur en ouvrant sa conscience au sens de la vie. L'esprit est vivifié lorsque l'âme voyage — autant dans le monde extérieur que dans le monde intérieur — en empruntant la voie de l'intellect et du cœur. Cette âme a besoin d'accroître ses connaissances et de jongler avec diverses croyances. Elle a besoin d'avoir foi en son parcours, de faire preuve d'ouverture et de curiosité dans ses aventures intellectuelles pour, finalement, créer sa propre plateforme philosophique, sa propre vision du monde. Cette façon de vivre nourrit l'âme du Sagittaire, et permet à sa force vitale de circuler. Pour le véritable Sagittaire, la vie est surtout une quête spirituelle, et c'est seulement ainsi que ce signe peut fonctionner à plein régime.

Le côté sombre du Sagittaire

Ce n'est pas facile de trouver un côté sombre à toute cette énergie lumineuse, gonflée à bloc. L'enthousiasme, la croissance, l'optimisme, la bonne humeur et la générosité sont, pour la plupart d'entre nous, des qualités admirables, voire enviables. Mais n'oubliez pas que, lorsqu'elles sont poussées à l'extrême, toutes les qualités de tous les signes deviennent leur contraire. Les qualités du Sagittaire ne font pas exception.

> *Vouloir donner un sens à sa vie peut finir en folie, mais une vie qui n'a pas de sens n'est que torture : inquiétudes et vagues désirs.*
> — Edgar Lee Masters

À force de vouloir faire l'expérience de la vie et d'en découvrir le sens, le Sagittaire peut se rendre coupable « d'indifférence ». J'y ai fait allusion lorsque j'ai parlé du côté lumineux — le besoin de liberté mettant en péril la sécurité dont a besoin toute relation. Le Sagittaire n'hésite pas à sacrifier l'intimité sur l'autel de la liberté. Le besoin d'explorer, de voyager et d'élargir ses horizons ne s'accommode pas toujours des besoins d'une relation de couple.

Il se peut que le Sagittaire soit tenté de ne pas s'attacher si sa quête exerce sur lui une trop forte attirance. Les centaures qui sont assez équilibrés pour reconnaître qu'explorer les voies du cœur est sans doute le voyage le plus gratifiant qu'ils puissent entreprendre devront néanmoins rester suffisamment alertes pour résister à la tentation de fuir devant les contraintes. Soulignons qu'ils exagèrent eux-mêmes l'ampleur d'un grand nombre de ces contraintes, ce que la peur réussit toujours à accomplir.

Vous vous rappelez que le Scorpion avait au fond de lui le désir d'explorer les profondeurs, d'arriver à l'essentiel. Le Sagittaire, successeur du Scorpion, vient contrebalancer toute cette profondeur et cette intensité – et dans ce but, il s'efforce de couvrir le plus de terrain possible. Le Sagittaire préfère l'étendue à la profondeur. Et bien que l'étendue soit une bonne chose en soi, puisqu'elle procure une grande diversité d'expériences, le Sagittaire moyen pourrait bénéficier d'une ou deux leçons du Scorpion – des leçons qu'il semble avoir oubliées dans sa hâte de liquider le passé. Il est parfois préférable de faire montre de profondeur. Lorsque l'on s'engage, il faut être profond : par respect, pour ne pas se disperser. Mais ces qualités ne concordent pas vraiment avec désir de vivre des expériences du Sagittaire, et c'est ce qui pourrait causer sa perte.

Il est possible qu'il soit infidèle parce que toujours prêt à tenter l'aventure. En amour, on doit souvent maîtriser l'impulsion primitive de se faire plaisir. On en tire certains avantages, mais pour le Sagittaire si épris de liberté, ces avantages semblent bien légers comparativement aux voyages et aux découvertes.

Par conséquent, partager la vie d'un Sagittaire sombre – c'est-à-dire plus égocentrique – peut se révéler beaucoup moins réjouissant que le portrait que j'en ai dressé dans la section précédente. À la place, cela risque d'engendrer beaucoup de solitude et parfois même d'être carrément épouvantable.

Le conjoint qui supportera le mieux un tel Sagittaire est celui qui saura se distraire en dehors de la relation, acquérir une indépendance qui sera en soi très attirante pour le Sagittaire. Sérieusement, c'est la seule façon d'entretenir une relation durable avec ce type de Sagittaire. Il semble que, dans cette vie, on arrive rarement à avoir le meilleur sans hériter aussi du pire. À cause de son amour inconditionnel de la liberté, et bien qu'il soit optimiste et plein de qualités, le Sagittaire peut vous briser le cœur. Ne vous appuyez pas sur lui — éloignez-vous, comme il le fait. Il n'y a pas d'autre moyen pour que la relation atteigne un certain équilibre. Autrement dit, tolérez. Tolérez la liberté, même quand c'est difficile.

En vous montrant permissif au lieu d'être restrictif, vous ouvrirez une porte par laquelle votre Sagittaire pourra revenir — et comme il est très sensible à l'authenticité, l'authenticité de votre lien (si authenticité il y a) finira par l'emporter. Mais encore une fois, rien dans ce monde n'est acquis ; si vous êtes voués à vous séparer, vous finirez par arriver à une croisée des chemins qui divisera la route sur laquelle vous progressiez ensemble.

La propension du Sagittaire à multiplier les expériences et à élargir ses horizons comporte un autre désavantage : il est fort possible qu'il ait les yeux plus grands que le ventre. Si vous êtes amoureux d'un Sagittaire, c'est sans doute là un aspect de lui que vous connaissez bien. Il acceptera de faire n'importe quoi, avec n'importe qui et n'importe quand. Sa nature optimiste ne supporte pas de dire *non* — et à force de vouloir se développer, il peut facilement tomber dans le surdéveloppement.

Il se peut aussi qu'il souffre d'un excès de confiance et d'une folle extravagance. Il peut aussi être enclin à l'hypocrisie. Comme il est très idéaliste, les mots qui sortent de sa bouche sont si positifs, persuasifs, optimistes et encourageants que les autres ne peuvent s'empêcher d'y croire ! Nous voulons tous croire en de si belles promesses — et le Sagittaire qui livre le message a le don de paraître très compétent, très crédible. Le Sagittaire peut même devenir carrément moralisateur.

Lorsque les belles promesses et les beaux idéaux que le Sagittaire a exposés avec tant de conviction ne se réalisent pas, les fruits sont amers. L'optimisme exagéré du Sagittaire et sa foi excessive en une issue favorable peuvent causer la ruine, financière ou autre, de certaines personnes. C'est triste, mais la vie ne fonctionne pas comme ça — toute la foi du monde ne suffit pas toujours.

Ou, personnellement, il peut faire complètement le contraire de ce qu'il prêche. Certes, il croit en l'authenticité et en l'honnêteté, en la fidélité et en la loyauté, mais dans les faits il éprouve les plus grandes difficultés à vivre selon ses propres idéaux. Ses partenaires risquent de l'abandonner, leur bonne foi complètement détruite par la mauvaise foi de celui qui leur avait tant promis.

La mythomanie est une autre pathologie associée à ce signe. Chez lui, la générosité et la philanthropie peuvent donner naissance à un sentiment excessif de sa propre importance.

Le Sagittaire lumineux veut donner pour donner, tout simplement. Cela lui semble naturel et bien, et vient d'un cœur qui sait que chaque humain est relié à tous les autres humains et à la vie dans son ensemble. Le Sagittaire sombre peut laisser sa générosité et son bon tempérament tomber sous le joug de son ego. Le défi de tous les Sagittaire consiste à utiliser leur générosité à des fins justes. Ils ne doivent jamais donner pour faire plaisir à leur ego, mais c'est là une tentation à laquelle certains pourraient ne pas résister.

Il est peut-être capable de voir loin, c'est peut-être un visionnaire et un idéaliste, il est peut-être stimulant – il n'empêche qu'un Sagittaire gouverné par son ego peut devenir imbu de lui-même, excessivement convaincu d'en savoir plus que quiconque. Oui, il est habituellement intelligent, doté d'une grande largeur et acuité d'esprit, et il n'hésite jamais à partager ses connaissances – par contre, il peut être enclin à disserter avec lyrisme trop souvent et trop fougueusement. Ceux et celles ayant la Lune en Sagittaire peuvent également posséder ce travers étant donné que, sur le plan émotif, ils éprouvent le besoin pressant d'exposer leur vérité. Ce n'est pas facile pour le Sagittaire de comprendre que sa vérité n'est pas nécessairement *la* vérité.

Cela étant, lumineux ou sombre, si vous ou votre conjoint avez la chance de bénéficier de l'énergie du Sagittaire, votre vie sera une aventure dans le sens véritable du mot. De tous les signes, c'est le Sagittaire qui est le plus porté à l'aventure. Les territoires que vous explorerez (par choix ou parce qu'on vous y obligera) seront autant ceux du cœur et de l'esprit que ceux de la planète. Espérons que le fait que vous sachiez quelles sont ses faiblesses vous aidera à supporter votre archer. Dégonflez son inflation, montrez-vous prudent devant sa témérité. Écoutez-le, mais trouvez votre propre vérité.

Compatibilité

Les signes de feu sont naturellement compatibles avec le Sagittaire. Mais, encore une fois, ces compatibilités entre les signes solaires sont générales — elles dépendent plus des liens qui existent entre les cartes du ciel individuelles. Toutefois, l'énergie du Bélier se marie généralement bien à celle du Sagittaire. Il y a dans cette union assez d'entrain et d'esprit d'aventure pour l'alimenter.

Les signes de terre et d'eau s'accordent moins bien. La terre peut être trop préoccupée par l'aspect pratique des choses au goût du Sagittaire, toujours plein d'entrain, et la sensiblerie de l'eau peut frustrer le centaure. L'émotivité excessive impatiente le Sagittaire qui n'est pas très enclin à dorloter et à sympathiser. L'eau a besoin de se sentir nourrie sur le plan émotif — donc, cela risque d'être difficile.

Généralement, les signes d'air conviennent bien au Sagittaire : l'air attise le feu. Le Gémeaux, étant le signe opposé du Sagittaire, s'entend bien avec lui (ils ont beaucoup en commun), et mieux encore si leurs lunes respectives sont compatibles.

Conseils pour améliorer votre relation

Laissez votre Sagittaire libre de suivre sa propre voie. Être attaché, de quelque façon que ce soit, empoisonne l'âme du Sagittaire. Il est vrai que celui-ci, comme chacun de nous, doit trouver l'équilibre entre la liberté et les responsabilités inhérentes à la vie de couple — mais vous servirez votre relation en étant le plus raisonnable des deux. Pour cela, il vous faudra comprendre qu'il ne vous rejette pas lorsqu'il veut explorer, voyager, entreprendre quelque chose de nouveau, qu'il s'agit tout simplement d'un instinct profond, et que cet instinct est en fait le besoin de croissance de son âme.

Tant mieux si vous décidez d'élargir vous aussi vos horizons en compagnie de votre Sagittaire. S'il vous exclut, ou si vous n'éprouvez pas le besoin ou le désir d'aller là où il va, montrez-vous généreux et laissez-le gracieusement faire ce qu'il doit faire. Si vous y réussissez, vous en serez récompensé. Le Sagittaire a besoin de sentir qu'il n'est pas enchaîné ; même s'il est marié, il veut avoir l'impression qu'il peut s'envoler sur un coup de tête et faire ses petites affaires. Il n'est pas bon d'être dépendant avec ce signe, vous devrez donc mûrir. Le fait que vous élargissiez vos propres horizons sur le plan intellectuel en apprenant de nouvelles choses sera très bénéfique pour votre relation. Vous deviendrez automatiquement plus intéressant, et votre Sagittaire verra cela comme une invitation à la découverte. Rien ne lui plaît plus.

Encore une chose – on peut apprendre à être optimiste. Si vous êtes dans un creux de vague, visez la crête. Votre capacité à voir le bon côté, à être positif, fera de votre relation un territoire que votre Sagittaire ne se lassera pas d'explorer.

Capricorne

Le côté lumineux du Capricorne

L'âme qui s'incarne dans le Capricorne a l'intention d'apprendre à être intègre. Cela correspond au stade de l'adulte accompli, responsable. Le Capricorne, conscient du pouvoir inhérent à la maîtrise de soi et à l'autodiscipline, est ici pour connaître les bienfaits qu'il y a à s'engager dans une « grande œuvre ».

Cette âme, dotée d'une intégrité morale, d'une force intérieure et d'une résilience à toute épreuve, est capable de porter de lourds fardeaux. Telle est sa mission. Elle atteint un stade de la vie où elle pourra prendre la mesure de son progrès et de sa détermination en ce qui a trait au succès matériel. L'élément du Capricorne, la terre, et son mode d'expression, cardinal, marient la force de l'énergie à l'endurance. L'âme du Capricorne a les pieds sur terre, et le regard tourné vers le ciel. Elle est capable d'accomplir beaucoup au cours de sa vie parce qu'elle comprend intuitivement que le matériel et le spirituel ne font qu'un. Elle connaît le pouvoir qu'apporte le fait de s'engager corps et âme dans une œuvre matérielle.

Comme pour contrebalancer l'extrême optimisme du Sagittaire et son goût effréné de l'aventure, le Capricorne fait entrer le cycle évolutionnaire dans une phase de sérieux. L'âme incarnée dans un Capricorne en a fini avec la philosophie et la quête du sens de la vie ; elle a pour seul intérêt de traduire cette conscience dans sa « grande œuvre ». Sa vie sera un monument dédié à cette œuvre – quelle que soit la forme qu'il lui donnera.

La chèvre étant un signe de terre et un signe yin, elle peut être introvertie et quelque peu négative ; elle donne l'impression de porter un lourd fardeau. C'est qu'elle tient à exceller ; plus encore, elle sait fort bien qu'il faut travailler dur pour atteindre un tel degré de maîtrise. L'ambition est un mot clé pour le Capricorne, mais il faut bien comprendre que cette ambition concerne sa grande œuvre. Il ne s'agit pas là de l'ambition d'un ego démesuré souhaitant devenir quelqu'un dans ce monde. Il s'agit plus de l'ambition d'une âme souhaitant créer quelque chose dans ce monde.

Dans cette vie, le Capricorne a pour mission de produire une grande œuvre de quelque sorte. L'ambition n'a pas toujours trait aux questions matérielles, comme le désir de « réussir » sur le plan financier. Cela peut aussi être le désir de surmonter les difficultés de la vie, comme la pauvreté peut-être, et de réussir à élever des enfants. Elle peut s'exprimer à travers un grand projet : escalader une montagne (symbole ordinairement associé à la chèvre) ou être le capitaine d'une équipe sportive. Le fait est qu'il y a une pulsion, un besoin pressant de se développer en créant quelque chose d'important !

C'est le côté positif de ce signe sérieux. L'excellence, la maîtrise, la perfection. Tous les « maîtres » empruntent la voie du Capricorne. La destination finale du Capricorne est la maîtrise, et on ne peut l'atteindre sans travailler dur, être discipliné, s'exercer et consentir des efforts. Le

Avoir ce que l'on veut
est signe de richesse,
mais être capable de faire
sans, c'est la force.
— George MacDonald

signe est gouverné par Saturne, et cette planète a la réputation d'être un véritable bourreau de travail. Elle gouverne les lois physiques de l'Univers et toutes les formes matérielles – et ceci nous donne un autre indice sur la psyché du Capricorne. Pour celui-ci, l'avancement est important en raison de ses connotations physiques et matérielles. Un meilleur statut, le prestige, l'avancement et la reconnaissance sur tous les plans vont généralement de pair avec une plus grande richesse – et la richesse procure une certaine sécurité matérielle dans cette troisième dimension.

C'est dans ce domaine que le Capricorne supérieurement évolué brille de tous ses feux. La chèvre ne craint pas de travailler durement, et elle est habituellement très disciplinée. La voix intérieure de Saturne est implacable et elle pousse constamment ses natifs à s'améliorer. Le Capricorne est celui qui étudie jusqu'à une heure avancée de la nuit pour obtenir son prochain diplôme, s'exerce longuement et durement, et passe ses fins de semaine à faire ses devoirs et à accomplir les tâches nécessaires à une vie ordonnée. Tout ceci peut le conduire à la solitude. Le plaisir et l'amusement risquent d'être sacrifiés sur l'autel de l'accomplissement, et ce sacrifice peut engendre de l'isolement. Rares sont ceux qui comprennent une telle aspiration ou veulent côtoyer la détermination et le sérieux de celui qui la nourrit. Mais c'est un prix que le Capricorne est habituellement prêt à payer.

Si vous entretenez une relation avec un natif du Capricorne, ne soyez donc pas offensé et n'en faites pas une affaire personnelle s'il semble accorder plus d'importance au travail qu'à vous. La chèvre ne peut agir autrement. Une profonde pulsion intérieure le pousse à s'améliorer, à avancer, à accroître sa sécurité dans le monde. Votre amoureux est efficace et discipliné, ce qui veut dire qu'il n'est pas du genre à paresser au lit le samedi matin, et qu'il vous faudra avoir une grande force de persuasion pour l'y garder.

Le Capricorne est un excellent planificateur. La chèvre a une compréhension innée de ce qu'il faut faire pour accomplir une tâche. La gestion du temps est l'un des points forts de ce signe qui sait, mieux que quiconque, s'organiser à l'intérieur des structures temporelles et des limites imposées par les règles et les lois. Saturne, la planète qui le gouverne, étant aussi connue pour être le maître du temps (et aussi le Faucheur, celui qui avec le temps soumet toute chose matérielle), on peut s'attendre à ce que les individus dont la carte du ciel est fortement influencée par le Capricorne (ayant le soleil en Capricorne) saisissent mieux que quiconque les limites du temps. C'est l'une des raisons pour lesquelles on voit souvent un Capricorne à la tête d'un organisme ; il sait d'instinct ce qui doit être fait et comment le faire le plus efficacement possible. Le Capricorne est la plupart du temps le patron. Il est ordonné, organisé, astucieux, stratège, systématique, minutieux et méticuleux.

Bien que ces qualités ne semblent pas très romantiques, elles sont indispensables dans le monde matériel. Sans ordre, sans discipline, sans les contraintes qu'imposent les limites et les responsabilités, ce serait le chaos. Celui-ci, lorsqu'on ne le tient pas en laisse grâce à l'autodiscipline, envahit tous les aspects de la vie, y compris les relations. Une personne capable de diriger un organisme a le don inné de faire preuve de la même discipline dans ses relations. Mais en matière de relations amoureuses, elle aura besoin de quelques petits conseils.

Le Capricorne est un signe de terre, et les signes de terre sont assez tenaces pour persévérer et persister longtemps après que tous les autres ont abandonné. Sur le plan des relations, cela signifie que vous disposez là de toute la matière première requise pour créer la relation que vous souhaitez, surtout si la communication est bonne. Votre Capricorne écoutera tous les arguments qui font appel à sa logique. Tant l'homme que la femme ont un sens profond de l'engagement. Lorsqu'il adopte une ligne de conduite, le Capricorne n'en dévie pas facilement. Et cela comprend les relations. Il est très rare que la chèvre, une fois qu'elle s'est engagée, soit celle qui mette un terme à la relation.

Il vous faudra peut-être renoncer à l'envie de plaider votre cause avec beaucoup d'émotion, car il sera nettement plus efficace que vous suggériez, d'un ton calme et mesuré, des façons d'améliorer la situation. Vous devez faire appel à son désir « d'atteindre le but » — et ne prenez pas un temps fou à le faire. Cela peut sans doute sembler calculateur et peu spontané (ce qui est vrai), mais votre partenaire Capricorne sera plus enclin à vous satisfaire si vous lui présentiez vos « exigences en matière de relation » d'une manière plus officielle. Mettez-les par écrit. Rédigez une proposition.

Il est vrai qu'il vous incombera sans doute de planifier vos vacances et vos fins de semaine (sinon, vous courez le risque que votre Capricorne passe son dimanche après-midi à travailler). Mais si vous en prenez l'initiative, lui exposez vos projets en long et en large et lui montrez qu'ils sont pleins de bon sens, vous réussirez mieux à obtenir ce que vous voulez. Si toutefois vous vous étendez avec beaucoup d'émotion sur le fait qu'il ne passe pas assez de temps avec vous — et qu'il n'est pas romantique pour deux sous —, attendez-vous à ce qu'il n'y ait pas grand changement. Votre chèvre de montagne est engagée dans une mission, celle de progresser dans cette vie ; même si elle vous aime de tout son cœur, elle ne saisit pas très bien l'importance des relations humaines. Vous devrez le lui enseigner et faire appel à sa nature — qui est heureuse uniquement quand son univers extérieur est ordonné. Amenez-la à comprendre que c'est tout un exploit que de réussir sa relation, et discutez avec elle des éléments que cela requiert.

Lorsque vous aurez compris ceci, votre vie avec le Capricorne sera très sécurisante — et très confortable, en plus —, ce qui viendra le récompenser des longues heures de travail qu'il aura investi en cours de route.

Le Capricorne doit alimenter son soleil intérieur en faisant montre d'une grande discipline. Son âme a besoin d'éprouver la satisfaction du devoir accompli, de ne pas perdre de vue son objectif et de travailler sans relâche à l'atteindre. Le fait de savoir qu'il a le pouvoir et l'endurance d'acquérir tout de dont il a besoin dans le monde alimente son esprit. La voie de l'excellence s'ouvre à cette âme — et pour se sentir vivant dans le

> *Elles attendent, alors qu'elles devraient partir en voyage,*
> *Elles se raidissent, alors qu'elles devraient s'incliner.*
> — Louise Bogan

monde, vif et énergique, le Capricorne se doit de la suivre. Mais ce faisant, il doit équilibrer sa persévérance et sa discipline par une bonne dose de qualités du cœur. Il a besoin d'aimer et d'être aimé. Le travail alimente ses fonctions solaires, mais l'amour et les relations sont essentiels pour alléger la pression mentale et physique qu'il s'impose. Pour cette âme, la grande œuvre est tout ce qui mène à l'excellence. Trouver cette voie et la suivre est son carburant, celui qui donne au Capricorne sa force vitale.

Le côté sombre du Capricorne

Les intentions, et non les sentiments, sont les moteurs du Capricorne. La chèvre a pris l'engagement profond et indéfectible de mener ses projets à bien et de réaliser, ou de rendre manifestes dans le monde matériel, ses buts et ses ambitions. Elle y arrive par le travail, la persévérance et la discipline. C'est l'action qui compte, et le Capricorne en est conscient dans chaque fibre de son être. Quant aux sentiments, bof, c'est une perte de temps ; ils éloignent du véritable but de l'existence – qui consiste à faire des choses, des choses concrètes, s'entend. Intention, action, réalisation – ces trois mots résument l'essentiel de la méthode de fonctionnement de la chèvre.

Le temps, comme tout bon Capricorne le sait, est essentiel. Le Capricorne peut ressentir une forme de pression parce qu'il a l'impression que le temps file, qu'il n'en aura pas assez pour accomplir tout ce qu'il y a à faire. C'est parfois difficile à supporter. Inutile de lui dire « Décompresse, détends-toi, lâche prise », il ne peut pas. Il est gouverné par ses objectifs, et il a besoin de temps pour les atteindre. D'ordinaire, les sentiments causent beaucoup de dérangement – par conséquent, la chèvre s'en occupe de la façon la plus simple qui soit : en les ignorant.

Si vous entretenez une relation avec un Capricorne, cela devrait vous alarmer. Ignorer les sentiments, quel sacrilège ! Surtout si vous êtes d'un signe d'eau. Ignorer les sentiments est dangereux. Le sens profond de l'engagement et la persévérance dont fait montre le Capricorne sont de grands atouts en matière de relation. Cependant, le revers, le côté sombre de cet engagement, c'est que le

Capricorne accorde tellement d'importance au but qu'il en arrive à supprimer radicalement toute forme d'engagement émotif. Les Capricorne y excellent. Nul autre signe ne maîtrise mieux ses émotions que le Capricorne. Les natifs de ce signe n'hésiteront pas à éliminer leur vie émotive si celle-ci semble s'opposer à la voie qu'ils suivent ou y dresser des obstacles. Avec leur incroyable autodiscipline et leur éthique du travail excessivement développée, ils sont plus qu'aptes à faire taire leur cœur et à concentrer leur énergie sur leurs buts ambitieux.

Étrangement, certains parmi les Capricorne les plus sombres ne saisissent pas du tout que les responsabilités, l'accomplissement et une grande éthique de travail constituent l'essence même de ce signe. Ils préfèrent échapper à la lourde obligation de gagner leur vie, et ce sont ceux-là qui sombrent dans la toxicomanie – ils deviennent totalement irresponsables. Il s'agit là de Capricorne vraiment très sombres, et ils sont en minorité.

Cela peut finir par être très destructeur de nier (peu importe comment) ses émotions, mais plusieurs Capricorne ne comprennent que trop tard tout le mal qu'ils s'infligent. Certains éloigneront les autres à force de s'entourer ainsi d'une carapace d'autorité autodécrétée. « Je serai comme cet arbre : je périrai par le haut », affirmait Jonathan Swift – et c'est malheureusement le sort que connaît plus d'un Capricorne trop accaparé par ses projets pour reconnaître le sens profond de la vie. Il peut être le plus riche, le plus puissant, le plus grand, mais est-il le plus heureux ? Les sacrifices qu'il s'est imposés pour arriver au sommet reviendront inévitablement le hanter un jour ou l'autre. Comme toute « vertu », la maîtrise de soi poussée à l'extrême peut devenir destructrice. Des études ont montré les bienfaits pour la santé des relations amoureuses ou affectueuses. Sans elles, notre force vitale s'amenuise, et notre corps physique tombe malade.

L'un des sacrifices auxquels consent le Capricorne pour atteindre le sommet est de mettre en veilleuse l'étincelle de l'expression émotive – l'étincelle qui relie deux cœurs, deux corps. La chèvre qui glisse sur cette pente finit, à force de trop se maîtriser, par devenir incapable d'exprimer la moindre émotion parce que toute sa force vitale est employée à aller de l'avant et à survivre – plus précisément à prospérer – dans le monde matériel. Oui, il est possible qu'elle entretienne des relations – plus ou moins bien. Mais celles-ci n'auront pas la profondeur ni la chaleur découlant de la spontanéité, de la vulnérabilité et du fusionnement caractérisant la véritable intimité.

La chèvre de montagne qui a trop longtemps travaillé dur pour atteindre le sommet risque de se retrouver victime de sa propre réticence à éprouver des sentiments, et très seule.

Alors, le Capricorne devra réapprendre à s'engager. Si votre amoureux est né sous le signe de la chèvre, vous jouez un rôle essentiel dans son bien-être, celui de professeur. Il ne comprendra pas de lui-même, car, comme nous l'avons vu, il est trop préoccupé par sa progression. Les relations, croit-il, doivent prendre soin d'elles-mêmes. Mais, comme on le sait, tel n'est pas le cas. Il faut les dorloter, les soigner, leur donner beaucoup d'attention et d'amour. On ne peut passer chaque heure de sa vie à travailler et s'attendre à jouir quand même de relations durables, ni même de relations brèves, mais satisfaisantes.

Donc, que devez-vous enseigner à votre conjoint Capricorne ? Le message tient en peu de mots et fait appel à son côté sombre : votre chèvre doit s'exercer à une nouvelle discipline, celle d'exprimer ses émotions. Si vous réussissez à le lui expliquer en ces termes, à lui démontrer que les aptitudes émotives constituent tout bonnement une discipline de plus à laquelle nous devons tous nous exercer, sa résistance initiale risque de fondre plus facilement. En matière de relations intimes, tous les problèmes découlent généralement d'une seule cause : l'absence de conscience. Les gens ne sont tout simplement pas conscients qu'ils doivent acquérir certaines aptitudes pour réussir leur relation. Dans le cas du Capricorne, la première aptitude qu'il doit acquérir est la capacité d'échanger sur le plan émotif. Il a tendance à se fermer et à réprimer ses sentiments parce que ceux-ci, croit-il, le font dérailler, l'écartent de cette affaire si essentielle qui consiste à monter en grade. Mais s'il ne veut pas mourir seul, il doit accepter qu'on l'aide.

À l'extérieur, la chèvre est coriace, mais elle est tout le contraire à l'intérieur. C'est toujours la peur qui pousse le Capricorne en avant et en haut. Quand on est gouverné par Saturne, la peur n'est jamais bien loin. C'est le désir d'échapper à la peur et à l'insécurité qui l'aiguillonne : il pense s'isoler de celles-ci grâce à la richesse matérielle ou à ses réalisations. Ou, comme nous l'avons vu chez le Capricorne particulièrement sombre, en sombrant dans la toxicomanie. Mais ce qu'il doit comprendre, c'est qu'il lui faut découvrir ce qu'il souhaite vraiment et le demander ! Si on arrive à lui faire prendre conscience que c'est la peur qui l'incite à nier et à enfouir ses sentiments et à plutôt se concentrer sur les aspects tangibles de l'existence, il pourra alors affronter ses démons et les vaincre. Il doit comprendre qu'il trouvera la sécurité dont il a tant besoin dans ses liens avec autrui.

Le Capricorne n'est ni une île ni un rocher, mais bien un être humain profondément émotif, qui possède un cœur et qui a besoin, plus que tout, de cultiver des liens affectueux avec les autres.

Ce n'est pas difficile d'aimer un Capricorne lorsque l'on comprend comment il fonctionne au fond de lui. Parfois, peut-être souvent, il y aura des moments où vous n'aurez d'autre choix que de poursuivre vos propres activités pendant que votre conjoint consacrera l'essentiel de son énergie à ses buts. Mais entre deux de ces moments, encouragez-le à baisser la garde, à exprimer plus souvent ses sentiments, mais d'abord à en prendre conscience, et votre vie ensemble sera agréable, sûre et remplie d'un amour profond. N'oubliez pas, non plus, que votre partenaire est prêt à rester à vos côtés longtemps, contre vents et marées — et, de nos jours, c'est très appréciable.

Compatibilité

Les autres signes de terre ont une compatibilité naturelle avec le Capricorne. Ils *saisissent* son besoin de faire marcher les choses sur le plan matériel.

Le Capricorne est trop sérieux pour les signes de feu, mais pas assez stimulant mentalement pour les signes d'air.

Cependant, comme toujours quand il est question de compatibilité entre les signes solaires, ce qui importe, c'est le lien entre toutes les planètes et les aspects délicats de vos cartes du ciel respectives. Des signes solaires réputés incompatibles peuvent bien s'entendre s'ils ont des lunes ou des ascendants harmonieux.

Les signes d'eau, en dépit de tout ce qui a été dit sur les émotions (ou leur absence en ce qui a trait au Capricorne), peuvent très bien convenir. Le Capricorne est solidement ancré au sol, dans le réel, ce que les signes d'eau jugent fort attirant. Ceux-ci disposent souvent de capacités émotives suffisantes pour deux. Et le Capricorne est lui aussi attiré par ces signes qu'il trouve mystérieux et déroutants ; les signes d'eau ont beaucoup d'affinités avec l'univers des sentiments, un univers qui est très déconcertant pour la chèvre. Nous recherchons chez notre partenaire ce qui nous manque, et ce n'est jamais plus évident que lorsqu'un Capricorne s'associe à un signe d'eau.

Conseils pour améliorer votre relation

Puisque vous savez que votre conjoint Capricorne croit qu'il lui est nécessaire de travailler fort et de progresser dans la vie, vous vous sentirez plus indulgent envers lui. Même lorsqu'il se montre dur, strict et excessivement autoritaire, ouvrez-lui votre cœur et réagissez avec amour, si vous le pouvez ; vous lui donnerez plus que vous ne le pensez. C'est que, face à une personne excessivement autoritaire, nous sommes portés à nous fermer. Lorsque l'on ne nous respecte pas, nous critique, nous parle avec sévérité, notre cœur se recroqueville. Lorsque vous vous rendez compte que votre conjoint Capricorne se comporte ainsi, non pas dans l'intention de vous blesser, mais parce qu'il manque de confiance envers la vie, qu'il craint qu'elle ne subvienne pas à ses besoins, montrez-lui qu'il y une autre voie. Une voie qui le mènera à trouver l'équilibre entre son admirable capacité de travail et la confiance en la vie. Le résultat est une extrême intégrité. Dites-lui que lorsque l'on accorde de la valeur à l'Univers, celui-ci nous accorde aussi de la valeur. Autrement dit, il mérite d'être récompensé, et que ces récompenses lui viendront naturellement. Mais il doit se mettre à l'écoute de son âme. Il lui impose trop facilement le silence, dans son besoin d'œuvrer dans le monde matériel. Aidez-le à tenir compte de son côté tendre, à explorer l'univers de ses sentiments.

La seule façon d'avoir un ami est d'en être un.
— Ralph Waldo Emerson

À trop vouloir se tailler une place sûre dans le monde, il arrive que le Capricorne se ferme à ce qui peut émouvoir son âme — la musique, le romantisme, l'intimité. Mais en tant que son partenaire, vous pouvez l'aider à se reconnecter à cette part de lui qu'il oublie trop volontiers. Le Capricorne a plus besoin de relation qu'il le croit — et c'est peut-être vous qui devrez le lui enseigner.

Verseau

Le côté lumineux du Verseau

Nous arrivons à un stade du cycle de l'évolution où tout ce qui s'est produit auparavant a conduit l'âme jusqu'à un lieu d'où elle voit ce qui est vrai. Le Verseau comprend la condition humaine, et accepte sans réserve tout ce qu'elle implique. Le signe du porteur d'eau est celui de l'humanitaire et de l'éveilleur.

L'élément air stimule l'esprit supérieur — l'aptitude intuitive. Le Verseau est un signe fixe, donc chez lui l'air est stable, inflexible, déterminé. Une façon de penser et une intelligence rationnelles qui vont au-delà de l'esprit « normal » constituent le domaine du Verseau. Ce mode de penser et cette intuition exceptionnels lui viennent du lien qu'Uranus, la planète qui le gouverne, entretient avec l'esprit collectif.

L'âme qui choisit de s'incarner sous le Soleil du Verseau pour son séjour sur la terre nourrit l'intention, a pour but ultime, de comprendre quel est l'équilibre entre l'individualité et la sociabilité. L'indépendance et le besoin d'espace doivent se marier au besoin de partager, de faire partie de la société, d'entretenir des relations. La tâche n'est pas facile, mais l'âme du Verseau a tout ce qu'il faut pour atteindre un tel équilibre.

Fervente adepte de la liberté individuelle, l'âme du Verseau a pour mission de partager son point de vue universaliste avec les autres, et de libérer ceux-ci de leurs anciennes façons de penser inhibitrices.

Le Verseau est le rebelle, celui qui déplace et brasse les choses, et veut démanteler le statu quo, mais en douceur. Il est iconoclaste, original, novateur. Il est gouverné par la planète qui symbolise l'esprit collectif supérieur, la rébellion et l'innovation, soit Uranus. Il est directement relié à l'esprit universel, ce qui se traduit par une intuition sans faille. Le Verseau est un signe d'air et un signe fixe ; il vit dans le monde de la pensée, et il est réfractaire au changement. Il peut au besoin se montrer conventionnel tout en étant étonnamment non conventionnel.

Comme nous l'avons vu, chaque signe contrebalance (et englobe) le signe qui le précède. Alors que le Capricorne était obsédé par l'autorité et la discipline, le Verseau est intrinsèquement non autoritaire et croit fermement en la responsabilité individuelle. Le sens de la responsabilité a été acquis lors de la phase du Capricorne, et le Verseau entend maintenant le développer. La largeur de vue du Verseau est pour lui à la fois un don et une malédiction. Comme les natifs de ce signe voient aisément au-delà des limites qu'imposent les conventions sociales usuelles, il arrive que leur désir d'agir différemment, de se libérer et de libérer les autres des restrictions du statu quo, leur donne le sentiment d'être séparés ou détachés d'autrui. Et, en d'autres circonstances, c'est le Verseau qui décide de se détacher ; en fait, il en a besoin. L'espace alimente son Soleil intérieur. Il semble que l'isolement soit l'une des croix qu'il doive porter, une croix inhérente à son désir de révéler une vision plus holistique et de libérer l'humanité du fardeau du contrôle extérieur.

Le Verseau est le signe opposé au Lion ; par conséquent, alors que le Lion se soucie de l'ego, de l'approbation et de la validation, le Verseau se situe complètement à l'autre extrémité. Cela lui donne la liberté d'agir comme bon lui semble, car le jugement des autres ne le préoccupe pas le moins du monde.

Une forte tendance à l'anticonformisme habite chaque Verseau. C'est l'original du zodiaque ; l'archétype du professeur excentrique, distrait, est Verseau. Il navigue dans l'existence, pas tout à fait conscient de ce qui se passe autour de lui – tant il est plongé dans ses propres pensées.

Le Verseau est le dernier des signes d'air. Mais alors que les autres signes d'air, le Gémeaux et la Balance, se soucient de leurs propres pensées ou de celles de la société, le Verseau élève l'esprit à une toute nouvelle dimension, la dimension universelle. L'abstraction est le domaine d'Uranus, la planète qui gouverne le Verseau, une planète « transpersonnelle » (qui va au-delà du personnel) associée à la révolution, à la libération, au changement, à la réforme, au progrès, à l'innovation, au génie, à l'éveil. Les natifs du Verseau incarnent parfaitement ce désir d'éveiller autrui. Et souvent, le réveil est brutal ; si vous entretenez une relation avec un Verseau, il vous arrivera probablement d'éprouver cette sensation violente, celle d'avoir été frappé en pleine poitrine, que l'on ressent quand un Verseau décide de « parler franchement ». Cet individu n'aura pas son pareil pour vous rendre conscient de certains aspects de votre personne !

Si l'on s'attarde à la signification du symbole du Verseau, une créature céleste versant l'eau d'une cruche ouverte, on peut mieux saisir l'essence de ce signe et en voir l'expression dans chaque Verseau que l'on connaît. La cruche ouverte représente la conscience universelle coulant sur la terre depuis le ciel – l'humanité étant le récipient, ou la détentrice, de cette conscience ou sagesse. Lorsqu'on connaît bien les Verseau, on sait qu'ils sont ainsi faits. Ils sentent d'instinct qu'ils sont les détenteurs d'un éveil ou d'une conscience supérieurs, et ils considèrent que c'est leur travail de distribuer cette sagesse ; ils se sentent obligés de la partager, et ainsi d'éveiller et d'éclairer les autres. En vérité, comme ils ont le don de percevoir ce qui est vrai, les Verseau ne se trompent pour ainsi dire jamais.

Le fait de se sentir ainsi responsables d'éveiller les autres présente des inconvénients, dont le sentiment d'être séparé ou détaché d'autrui avec lequel la plupart des Verseau doivent vivre. Lorsque l'on voit des choses que d'autres ne peuvent pas voir, il est difficile de faire « partie de la bande » ; par conséquent, le périple du Verseau peut être solitaire, tout comme celui du Capricorne. Pour des raisons différentes, toutefois. La solitude du Capricorne découle de sa quête inlassable d'accomplissement et de son ambition ; celle du Verseau vient d'une dimension plus abstraite – de son renoncement à l'ego et de son sentiment d'être incompris et détaché de l'ensemble de l'humanité.

Si vous entretenez une relation avec un Verseau, vous apprendrez ce qu'est le détachement. Vous l'apprendrez en long et en large. Et parfois de façon très tangible. Ce sera parfois sous forme de détachement physique, d'un « acte de disparition », ou de détachement psychologique, comme s'il se fermait à vous. S'il est blessé par ce que vous avez dit ou fait, il peut tout simplement « couper les ponts ». Il peut aller jusqu'à disparaître pendant plusieurs jours, car les Verseau ont besoin de temps pour analyser ce qui vient de se passer. Comme ils sont très intellectuels, ils filtrent (à maintes reprises) à travers le tamis de leur esprit. Il arrive souvent que le porteur d'eau se rende fou à force d'analyser encore et encore, processus auquel il semble incapable de mettre un terme. Contrairement aux signes d'eau, qui ressentent des émotions et agissent en fonction d'elles, le Verseau ressent puis dissèque mentalement – et agit ensuite. Il y a donc un délai, et on n'y peut rien. Vous devez tout simplement attendre que votre extravagant partenaire émerge, et il le fera uniquement lorsqu'il en sera prêt. Impossible d'accélérer le mouvement. En général, ce qui sortira de cette période de détachement est digne d'attente.

Si, dans un premier temps, il disparaît, qu'il se montre vexé comme un bébé, profère des paroles blessantes (pour se défendre, bien entendu), vous abandonne – durant des jours si tel est son bon vouloir –, il finira par vous revenir, lorsqu'il se sentira prêt, avec une attitude nettement plus mature. Sachez que la décision de vous connecter ou reconnecter à votre Verseau ne vous appartient pas ; son esprit foudroyant, rattaché à son cœur par un lien puissant, poursuit ses propres objectifs. Aucun argument ne réussira à le faire revenir s'il n'est pas prêt à renouer avec vous. Cela peut ressembler à une punition ; cela peut faire mal, mais si vous arrivez à comprendre qu'il a besoin d'agir ainsi pour alimenter son Soleil intérieur (et revenir ainsi à la vie), qu'il a besoin de se détacher de tout et de chacun de temps à autre, vous arriverez alors à vous détendre et à lâcher prise. Laissez-le prendre son temps. L'énergie de la planète Uranus n'obéit pas à la même chronologie que les autres planètes ; elle tourne même dans l'autre sens. Tout, chez cette planète, est inhabituel.

Il est certes inhabituel de rechercher avidement la compagnie d'autrui et, en même temps ou presque, de la fuir, de se sentir seul parmi les autres. Mais quelle que soit la façon dont on considère la question, le fait demeure que les Verseau finissent toujours par se retrouver dans leur propre espace.

Ce qui semble être un défaut figure pourtant dans le côté lumineux du signe. C'est que tout ce qui touche Uranus est imprévisible. C'est la planète responsable des chocs et des surprises. Elle nous éveille toujours sans avertissement, et on peut donc trouver surprenant que ce trait de caractère du Verseau appartienne à son côté lumineux, alors qu'en toute logique il pourrait tout aussi facilement relever de son côté sombre. Bien entendu, si votre conjoint est un Verseau, son détachement et ses disparitions peuvent paraître bien sombres à la personne qui en écope. Mais, à bien y réfléchir, on y trouve un avantage. Le détachement est un don précieux en matière de relation. Il procure de l'espace, de la place pour respirer. Et mieux encore, le porteur d'eau profite de ses absences pour assimiler tous les aspects de la question. Il comprend votre point de vue. Seuls le temps et la distance permettent une telle vue d'ensemble.

Ne vous offusquez donc pas des manières étranges et détachées de votre amoureux Verseau. Sachez que lorsqu'il reviendra, il aura retrouvé son équilibre. Il lui faut de l'espace pour respecter le besoin qu'a Uranus de se retirer et de sentir la justesse de la situation – dans un isolement splendide.

Aucun autre signe n'est plus conscient socialement, ne se soucie plus véritablement d'autrui ni n'en prend mieux soin, ne se montre plus résolument tolérant envers toutes les nuances de la condition humaine. Si vous entretenez une relation avec un Verseau, vous savez peut-être déjà qu'à un certain degré, tout sera pardonné. Votre conjoint Verseau surclasse tous les autres signes quand vient le temps de présenter ses excuses, aussi humiliant cela soit-il. C'est parce qu'il se moque totalement de son ego. Il reconnaît tout simplement que la nature humaine est faillible, et il s'en arrange. Son penchant naturel au détachement lui facilite également les choses – il est capable de se distancer suffisamment de la situation pour la comprendre.

Ce qui ne signifie pas pour autant que les Verseau soient toujours naïfs. Ils peuvent se montrer aussi intolérants que n'importe qui (ils seraient horrifiés d'entendre cela), mais ils sont en général capables, si on leur laisse le temps de bien y réfléchir, de surmonter leur ego et de saisir l'ensemble de la situation. Même lorsqu'ils sont de toute évidence les victimes, ils pardonneront. Mais ils n'oublieront pas. Oublier, ce serait ne pas retenir la leçon, et le Verseau est très conscient de la nature évolutive de la vie, du sens des leçons qu'elle donne ; ces natifs excellent à « comprendre » – un jour ou l'autre. Ils ne vous ignoreront pas ni ne chercheront à se venger, mais ils passeront à autre chose. Ils savent que la vie est une affaire de progression, et il n'y a pas de retour en arrière possible pour le Verseau blessé. Vous êtes donc prévenu. Il peut sembler vous avoir pardonné, et c'est vrai en un sens, car le Verseau comprend vos faiblesses humaines, mais si vous perdez sa confiance, plus rien ne sera pareil.

Ceci étant dit, le Verseau a une capacité remarquable de supporter les blessures et les offenses. Encore une fois, c'est en raison de son aptitude à voir la vie d'un point de vue plus élevé — et au fait qu'il ne soit pas sous l'emprise de son ego. Et bien qu'il se puisse que vous ayez parfois l'impression de n'être qu'un parmi les autres pour votre conjoint Verseau, sachez que si vous avez conquis son cœur, vous bénéficierez d'une dévotion, d'une loyauté, d'une compréhension et d'un amour qui transcendent (et englobent) l'aspect personnel. Ce qui finit par constituer un vrai trésor.

Le Verseau doit alimenter son Soleil intérieur en trouvant l'équilibre entre l'individuel et le collectif. Cette âme a besoin de refaire ses forces vitales en se mêlant à des personnes dotées d'un esprit semblable au sien, en communiquant et étant sociable. Mais elle a tout autant besoin de se réserver de l'espace. L'âme du Verseau a besoin d'espace mental pour assimiler les leçons qu'elle tire du « groupe ». Pour cela, elle doit régulièrement s'éloigner des autres autant physiquement qu'émotionnellement. L'interaction sociale et la liberté d'exprimer

L'amour n'est que bavardage,
Seule l'amitié importe.
— Gelett Burgess

son originalité apportent de la vitalité et du dynamisme à son Soleil intérieur, à sa force vitale. L'âme du Verseau est véritablement unique.

Le côté sombre du Verseau

« L'amour n'est que bavardage, seule l'amitié importe. » Cette citation du peintre (et Verseau) Gelett Burgess traduit bien l'attitude du Verseau envers l'amour et les relations. Pourquoi ? Tout simplement parce que le Verseau représente le principe des « agapes », ou de l'amour fraternel ; les amis sont donc aussi importants (et souvent, plus !) que les amoureux. Il s'agit ici d'un amour de nature universelle : l'amour que l'on éprouve envers quelqu'un pour l'unique raison que c'est un être humain. Sur le plan personnel, l'amour est une question un peu plus délicate pour le porteur d'eau, et c'est parfois sa faute.

Comme le Verseau est un intellectuel original – à l'image de l'archétype du scientifique à la fois excentrique, fou, rebelle et génial –, les diktats habituels de l'amour et des relations, tels qu'ils ont été rédigés par les patriarches de notre société, lui semblent quelque peu difficiles à avaler. N'oubliez pas que le Verseau n'est pas du genre à se plier aux règles. Bien au contraire, le porteur d'eau entend composer ses propres règles, et souhaite que tout le monde jouisse de la même liberté. Dans plusieurs domaines, cela donne d'excellents résultats. L'énergie du Verseau est à l'origine d'un grand nombre de nos plus grands développements sociaux. La Nouvelle-Zélande, un pays placé sous le Soleil du Verseau, a été le premier pays à accorder le droit de vote aux femmes, à avoir un programme de sécurité sociale. Sans compter que c'est un Néo-Zélandais, sir Edmund Hillary, qui fut le premier à conquérir l'Everest. L'énergie du Verseau est toujours à l'avant-garde, elle devance toujours la masse. En matière de cœur, les règles instaurées par la société avaient certes leur raison d'être à l'époque où elles le furent. Par exemple, la monogamie veille (ou du moins vise) à ce que la lignée génétique de l'enfant soit prise en considération. Tout est tellement plus ordonné ainsi. Mais voici que nous atteignons une nouvelle ère de conscience, et le Verseau, étant celui qui lance la mode et prend la tête de chaque nouveau courant d'idées, devance, comme toujours, son époque.

En réalité, dans les sociétés matriarcales précédant l'essor de la notre société patriarcale, on n'éprouvait tout simplement pas le besoin de règles telles que la monogamie — il n'y en avait pas.

Le porteur d'eau ne veut pas que des règles édictées par autrui s'appliquent à lui. Il n'adhère pas spontanément à l'idée d'un unique engagement amoureux prioritaire. Il semble être, bien commodément, imperméable au conditionnement que notre société nous fait subir. En fait, il lui arrive parfois de lutter contre tous ces principes. Si vous entretenez une relation avec un Verseau, voici une souffrance que vous ne connaissez que trop bien : celle d'avoir le sentiment que tous les autres (un ami, d'ordinaire — tous les autres étant des « amis » pour le Verseau) sont aussi (et parfois plus !) importants que vous pour votre amoureux. La notion de priorité, en ce qui a trait aux gens, en est une que le porteur d'eau moyen ne saisit pas clairement.

Lorsque le Verseau penche nettement du côté sombre, ce problème s'intensifie. Bien entendu, cela veut dire qu'il est incapable de s'engager. Mais parfois, ce n'est pas là que le bât blesse. Plusieurs natifs du signe du porteur d'eau s'engagent plutôt facilement. C'est après que les choses se gâtent. Entretenir une relation exclusive ne fait pas partie du programme du Verseau, donc, à moins que son partenaire ne soit très indépendant et apte à se faire une vie en dehors de la relation, la situation risque de dégénérer. C'est que pour le Verseau, s'engager n'a pas le même sens que pour la plupart des gens. Par exemple, s'engager par le mariage ne signifie pas, selon lui, qu'il ne peut plus sortir avec ses amis, ni accorder la priorité à son travail ou à ses collègues. Il n'y réfléchira pas à deux fois avant de travailler tard puis d'aller prendre quelques verres avant de rentrer à la maison. Le premier soir suivant son retour d'un voyage d'affaires, il ne lui viendra pas à l'esprit de rentrer directement à la maison après le travail. Pas du tout ; les gens du bureau font une petite fête, et c'est là, semble-t-il, qu'il préfère se trouver.

Tout ceci peut blesser profondément le partenaire du Verseau. Le pronostic de succès à long terme n'est pas formidable lorsque ce côté sombre du signe prend trop d'importance, car d'ordinaire le point de rupture est atteint lorsque le partenaire va chercher ailleurs cette intimité. (Je ne parle pas ici de sexualité ; je parle d'intimité émotionnelle.)

Ce porteur d'eau a besoin de vivre un « éveil ». Les Verseau ont pour mission d'instruire et d'éveiller les autres à de nouvelles possibilités, mais vient un temps où ils ont besoin de goûter à leur propre médecine. Il leur faut parfois subir le choc d'une trahison ou d'un divorce. Il n'est pas toujours nécessaire que le choc soit fort à ce point, mais il faut cependant que quelque chose se produise pour les amener à comprendre que, bien qu'il soit correct d'huiler les rouages de la vie sociale, ils doivent à l'occasion consacrer leur énergie à leur relation la plus intime. Si, bien entendu, ils souhaitent avoir une telle relation.

L'individu qui est fortement Verseau ne comprend pas spontanément la complexité des relations intimes. Si vous entretenez une relation avec un natif de ce signe, il vous faudra lui exprimer clairement vos besoins. N'oubliez pas que le Verseau est un signe d'air et qu'il est par conséquent sensible aux mots et aux idées. Si vous vous réfugiez dans un silence indigné, il ne comprendra jamais. Il continuera sereinement à faire le boute-en-train, à charmer son entourage, à s'engager dans des causes sociales, des clubs sportifs et des associations de toutes sortes. Il ne lui viendra pas à l'esprit que vous attendez peut-être plus de votre relation. Que de rester seul à la maison, soir après soir, et de passer avec lui au mieux la moitié d'une fin de semaine, ne vous contente pas.

Désolée, mais ce sera votre responsabilité. Il vous faudra le lui dire et le lui répéter jusqu'à ce que le déclic se fasse. Ce sera peut-être long. Et comme vous ne voulez pas l'embêter, vous devrez vous montrer subtil. Ce que vous devrez lui communiquer, c'est la peine qu'il vous fait inconsciemment en vous négligeant ainsi.

Vous ne devrez pas l'accuser, mais plutôt lui exprimer, le plus rationnellement possible, l'effet qu'ont sur vous ses absences fréquentes. C'est par inconscience qu'il vous néglige car, sur d'autres plans, nul autre signe n'est plus fidèle et loyal. Et c'est important. Le Verseau a tellement besoin de son espace personnel qu'il est instinctivement enclin à se comporter comme cela lui plaît — et ce qui lui plaît, c'est être socialement engagé.

Il ne faut pas oublier que l'engagement social du Verseau n'a généralement aucune connotation sexuelle. Le Verseau s'intéresse plus à l'amour universel qu'à l'amour personnel, c'est ce qui lui importe vraiment. Par conséquent, sa fidélité est généralement acquise. Son infidélité se situe plus sur le plan non intime (universel), elle se manifeste en matière de temps et d'énergie — deux éléments essentiels pour soutenir et nourrir une relation.

J'aimerais bien pouvoir vous conseiller de tout simplement vivre votre propre vie, d'avoir vos propres activités sociales. Mais cela ne servirait qu'à camoufler le problème. Cela ne marchera pas. Votre rancœur ne fera qu'augmenter, et vous n'obtiendrez pas cette intimité dont vous avez soif. Le Verseau apprécie l'indépendance — donc un conjoint dépendant n'est pas idéal pour ce signe. Mais ce qui importe vraiment, c'est d'aider votre partenaire à devenir plus conscient. Toute relation a besoin de temps de qualité, et pas juste une fois par semaine ou lorsqu'il n'y a rien de plus pressant au programme. Chaque fois que l'on choisit de faire passer les besoins de quelqu'un d'autre, ou de quelque chose d'autre — le travail, les amis, le groupe — avant la relation, on pousse un peu plus celle-ci vers sa tombe.

Les Verseau ont besoin qu'on le leur dise. Si ce n'est pas vous, qui le fera ? L'Univers, en ayant recours à une stratégie « d'éveil ». Quel dommage de perdre un aussi bon conjoint ! Ils s'essayeront de nouveau, car ils ont un cœur très aimant. Ils feront de nouveau les mêmes erreurs. Le Verseau est un signe fixe — ce qui implique qu'il peut se montrer très rigide dans sa façon de penser, très obstiné et inflexible dans ses schémas et ses réponses.

Mais si vous aimez véritablement un tel Verseau, vous n'êtes pas tenu de faire partie de la bande. Dites-lui, avec douceur et sensibilité, que vous avez besoin qu'il vous accorde la première place. Lorsqu'une femme sait qu'elle arrive en tête de liste, elle peut établir une relation assez forte et assez passionnée pour durer toute la vie. (Un homme aussi, je suppose.) Si elle doit lutter pour avoir droit à cette position, ce qui est malheureusement le cas de plusieurs conjointes du Verseau, un aspect moins agréable de sa nature risque de prendre le dessus. L'obscurité peut s'immiscer dans une relation qui avait connu des débuts si lumineux. En passant, les femmes Verseau ne sont pas différentes. Leurs conjoints, habituellement des hommes, peuvent supporter cette nature un peu plus aisément que la plupart des femmes.

Concluons sur une note plus positive : le Verseau, avec sa perspicacité foudroyante et son aptitude à se mettre au diapason d'autrui, possède le plus grand potentiel d'être un amoureux autant sur le plan intime qu'universel. D'ordinaire, après avoir encaissé un choc ou deux dans le rayon des relations, cet homme ou cette femme arrivent à établir une relation amoureuse qui est un mélange unique d'intimité profonde, de liberté personnelle et de liens généreux et sincères avec leurs concitoyens de cette planète. Cela vaut peut-être la peine et l'énergie qu'il faut pour en arriver là.

Compatibilité

Si l'on se fie à la règle générale, on pourrait dire que les autres signes d'air sont ceux qui conviennent le mieux au Verseau, suivis des signes de feu — et que les signes de terre et d'eau sont les moins compatibles. Mais avec le Verseau, comme tout ce qui relève de l'imprévisible Uranus, il n'y a pas de règles qui tiennent.

En théorie, ce qui précède reste vrai, mais en pratique, vous verrez que le Verseau forme une union solide avec le Poissons (même si en théorie, ils ne sont pas compatibles). Cette union peut surpasser, sur tous les plans, celles que le Verseau pourrait avoir avec les autres signes d'air — ou de feu, en l'occurrence. En ce qui trait aux Poissons, il semble y avoir entre ces deux signes un lien supérieur à la moyenne. Ce sont les deux derniers signes du zodiaque, et tous deux sont des signes universels. Les signes adjacents s'attirent souvent, et pour le Verseau, il est vraisemblable que la nature calme, passive, sensible et humanitaire du Poissons soit un baume pour son esprit excessivement actif et son âme tout aussi humanitaire. Ils sont tous les deux gouvernés par les planètes les plus éloignées, donc le lien semble se situer « au-delà de ce monde ». Il transgresse toutes les règles et pénètre profondément dans le territoire de l'âme.

Comme toujours, c'est la compatibilité entre les cartes du ciel individuelles dans leur ensemble qui constitue l'aspect le plus déterminant de la compatibilité entre deux signes solaires. Mais, en général, la Balance et le Gémeaux sont les mieux assortis au Verseau, bien que, ne l'oubliez pas, un excès de bonnes choses peut être néfaste. Si vous êtes d'un signe de feu, les choses se présentent bien pour vous avec un Verseau, car la liberté vous importe à l'un comme à l'autre. Si vous êtes d'un signe de terre, l'Univers veut vous enseigner quelque chose, une chose à laquelle vous ne pourrez probablement pas échapper. De toute évidence, vous vous êtes unis pour résoudre une affaire ancienne laissée en suspens.

Conseils pour améliorer votre relation

La meilleure chose que vous puissiez faire pour votre union avec un Verseau, c'est vous montrer tolérant envers son besoin d'avoir une vie en dehors de votre relation. Bien sûr, c'est parfois difficile d'accepter que vous n'arriviez pas en tête de liste dans la vie de cet homme. La solution consiste à combler vous-même vos besoins – c'est d'ailleurs vrai pour tous ceux qui vivent une relation et pas uniquement pour ceux qui vivent une relation avec un porteur d'eau. Nous imposons un fardeau trop lourd à notre relation lorsque nous lui faisons porter le poids de notre besoin de sécurité. Pour assurer la survie de votre relation, il sera donc préférable que vous compreniez, profondément, que si votre partenaire a tant besoin d'être avec d'autres, cela n'a rien à voir avec vous. C'est simplement qu'il a besoin de circuler et de communiquer (n'oubliez pas que pour les signes d'air, la communication est importante) avec plusieurs membres de la grande famille humaine. C'est ainsi qu'il alimente son Soleil intérieur. Vous pourriez et devriez lui dire ce que vous en pensez, mais vous devriez aussi tenter de l'accepter. Si cela vous fait trop mal, rendez-vous service à tous les deux en lui disant que vous n'aimez pas qu'elle aille prendre un café avec l'homme qui est son collègue, même si elle agit ainsi pour l'aider à y voir clair dans ses problèmes conjugaux.

Dans une relation, on a l'obligation de faire attention, ce qui implique qu'on doive éviter les comportements qui blessent notre conjoint. Avec le Verseau, c'est votre responsabilité de faire savoir à votre partenaire ce qui est acceptable et ce qui ne l'est pas. Le poids des « autres » est peut-être une croix que cette relation vous obligera à porter, mais c'est une croix que vous pouvez alléger grâce à la communication et à la compréhension.

L'avantage : vous avez un conjoint qui est très sensible à la condition humaine et qui pourrait avoir un plus grand cœur que n'importe qui d'autre.

Poissons

Le côté lumineux des Poissons

Lorsque l'âme entre dans le cycle d'incarnation des Poissons, elle a déjà beaucoup appris ; une profonde passivité naît de la compréhension de la vie et de la condition humaine. L'âme du Poissons a traversé au moins une fois tous les signes du zodiaque, et elle a atteint un point où elle connaît les limites de la chair et désire s'unir à quelque chose de supérieur. Elle est prête à lâcher prise. Le Poissons veut transcender l'expérience humaine et faire partie d'une réalité plus divine.

Le but ultime du Poissons est l'identification avec la conscience — la conscience égotique et universelle. L'objectif est d'atteindre « l'individuation ». On atteint l'individuation lorsque l'on comprend pleinement en quoi consiste la conscience individuelle de l'ego et qu'on l'immerge dans l'océan cosmique : qu'on transcende le petit Moi au profit du grand Moi.

C'est Neptune, planète volatile et symbole de l'océan cosmique, qui gouverne les Poissons. Neptune lance les humains dans l'océan de la conscience universelle, où ils deviennent Un. Elle presse ceux qui sont sensibles à ses fréquences, notamment les Poissons, d'échapper aux limites d'une existence terrestre dans la densité de la troisième dimension, et elle les conduit dans un lieu plus raffiné, où le *glamour*, l'illusion, le

On ne voit bien qu'avec le cœur ; l'essentiel est invisible pour les yeux.
— Antoine de Saint-Exupéry

fantasme et la créativité artistique privilégient le cœur et l'âme, où le sacré est honoré.

La vie n'est pas qu'un périple physique, c'est un périple spirituel. L'âme qui s'incarne dans un Poissons le sait, dans chacune de ses fibres.

Les Poissons viennent au monde dotés d'une compréhension innée des liens qui unissent toute forme de vie. Telle est l'origine de la sensibilité et de la compassion de ce signe d'eau profondément sensible. La sensibilité du Poissons, contrairement à celle du Cancer, est universelle, et elle est par conséquent plus empathique, moins subjective. Si le Poissons ressent aussi profondément la douleur d'autrui, c'est parce que ses limites sont fluides. Il comprend l'interconnexion de toute vie, la nature de l'Un. Tout forme un ensemble amorphe, globalement inclusif, indifférencié.

Neptune symbolise la conscience de l'ensemble, la transcendance, l'unité, le sacrifice, la reddition, le non-attachement et l'amour altruiste. L'amour qu'éprouvent les maîtres et les saints. L'âme du Poissons possède cette essence, le potentiel de s'ouvrir à tout ceci. Mais cela peut également devenir un poison — attirant cet enfant sensible de Neptune, le dieu de la mer. Le Poissons a le choix entre deux voies : il peut nager à contre-courant, vers la vie, ou dans le sens du courant, vers des eaux stagnantes.

Être amoureux d'un Poissons peut être une expérience sublime, transcendante, romantique et totalement unifiante. Il vous fera découvrir des lieux dont vous ne soupçonniez pas l'existence, car le Poissons sait que l'amour véritable est celui qui unit deux âmes. C'est ce que vous explorerez avec un conjoint Poissons – cette part de vous qui transcende le physique. Aux yeux du Poissons, pour que l'amour dure, il est vital qu'il y ait un lien entre les âmes. Sinon, quelque chose à l'intérieur se flétrit et meurt. Plusieurs Poissons ont voulu trouver la consolation dans une bouteille de vin, ou pire, lorsque ce genre d'amour s'est enfui – ou s'il ne s'est jamais montré. Ils peuvent devenir des âmes perdues, dérivant sur l'océan de la vie, passives, ayant abdiqué et risquant d'être utilisées et maltraitées, victimes de leur bonté infinie.

Les Poissons plus forts agissent différemment. Ils continuent de chercher, sachant qu'un tel amour est un droit que Dieu leur a accordé à la naissance. Ils ne se contenteront pas de moins. Il faut qu'il y ait un lien entre les âmes, sinon il n'y aura rien du tout. Ces Poissons-là sont ceux qui nagent à contre-courant. Ceux qui emploient leur sagesse, née de la longue traversée de tous les signes, et leur unique compréhension de l'Infini pour créer des relations et une existence qui mêlent vraiment le meilleur du spirituel et du matériel.

Entretenir une relation avec un Poissons supérieurement évolué peut être une expérience qui n'est pas de ce monde. En fait, la plupart du temps, vous aurez l'impression que votre partenaire vient d'un autre monde. Il y a chez les Poissons quelque chose d'enchanteur, de magique, lorsqu'ils se dévoilent dans le cadre d'une relation véritablement intime. S'ils sont de conscience supérieure, ils vous ouvriront leur cœur sans la moindre réserve – à vous et pour vous. Serez-vous capable de le supporter ? En vérité, rares sont ceux qui le sont. La façon d'aimer du Poissons est d'une nature différente de celle des autres signes, ce qui implique que c'est un défi. Il est impératif que l'âme qui les habite sente l'âme qui vous habite. Leur Soleil l'exige. Et, croyez-moi, c'est impossible à feindre ! Si vous n'y mettez pas tout votre cœur et toute votre âme, ce qu'eux font, ne songez même pas à traîner dans les environs, à essayer d'avoir le beurre et l'argent du beurre. Le Poissons, d'un coup de queue, finira par changer de cap et filer dans une autre direction. Il sait qu'il y a quelqu'un, quelque part, qui l'aimera comme il le mérite et en a besoin. Et c'est vrai.

Mais si vous êtes cette personne, que pouvez-vous espérer et comment arriverez-vous à préserver cet état magnifique, idéal – qui, au départ, semblait trop beau pour être vrai ? En fait, il l'était sous de nombreux aspects. Comme on le sait, et comme même les Poissons le savent, la vraie vie peut saper et éroder les aspirations les plus élevées et conduire les cœurs les plus ouverts à se fermer (temporairement, dans le cas des Poissons les plus conscients ; pour eux, il est naturel de lâcher prise, car ils savent que les souffrances de l'existence sont transitoires, comme tout sur cette terre).

Pour préserver cet amour spirituel et romantique, il faut d'abord et avant tout, et sans doute finalement, comprendre une chose : l'amour s'exprime par des actes. Ce que l'on fait dans le monde réel consolide le lien unissant les âmes.

Les Poissons sont si détachés de ce monde qu'ils ne sont pas naturellement enclins à l'action. Ils sont plutôt passifs. Au début de votre relation, vous serez très amoureux, et il vous sera facile alors de vous laisser porter par le courant et de fusionner avec votre bien-aimé sur tous les plans, de privilégier, à l'instar du Poissons, l'unité et l'union des âmes. Mais lorsque la réalité finira par vous rattraper, il vous faudra vous montrer le plus fort des deux. Les Poissons ne sont pas doués pour faire face aux réalités de ce monde. Après avoir fait l'amour, quand la passion s'apaise, comment faire alors pour préserver ce lien et, du même coup, l'affection indéfectible de votre amoureux océanique ?

C'est par la vie quotidienne, concrète, que vous garderez votre relation vivante. Vivre ensemble, assumer ensemble le côté terre-à-terre de la vie quotidienne — tel est le cadre qui mettra en valeur la beauté de votre union spirituelle.

Téléphonez-lui et demandez-lui comment il va. Dites-lui que vous pensez à lui et que vous avez hâte de le revoir. Le Poissons mâle est aussi sensible que le Poissons femelle, et il a besoin qu'on lui répète qu'on l'aime, que vos âmes sont toujours unies. Allumez des bougies quand vous faites l'amour, bercez-le de musique douce, versez-lui un verre de vin lorsqu'il rentre à la maison.

Si c'est une femme, offrez-lui des fleurs — et pas juste au début, tout le temps. Regardez-la, prenez-la dans vos bras, soyez avec elle, faites-lui une promesse — et tenez-la. Si vous n'êtes pas du genre à tenir parole, sachez que vous semez les germes de votre rupture. Le Poissons a besoin que vous lui disiez la vérité lorsque vous lui faites part de vos intentions ou de votre affection. Elle décèle la sincérité mieux que quiconque. Et elle a besoin que vos actes prouvent cette sincérité.

Le Poissons s'occupera fort bien de l'aspect spirituel de votre relation, mais sur le plan pratique, il se peut qu'il vous laisse à vous-même. C'est dans ce domaine qu'il a besoin de vous. Ce qui ne signifie pas qu'il, ou elle, n'est pas capable de réussir dans le monde « réel ». Savez-vous qu'il y a plus de milliardaires nés sous le signe des Poissons que sous tout autre signe ? Comment est-ce possible ? Selon moi, c'est parce que les natifs de ce signe sont instinctivement sensibles à l'intangible, à l'invisible, d'où provient toute chose du monde manifeste. Cette sensibilité leur permet d'utiliser leur conscience pour créer dans le monde matériel, souvent avec grand succès.

Il sera utile que vous fassiez bénéficier votre relation de votre savoir-faire plus terre-à-terre, de votre sens pratique et de vos talents d'organisateur et de meneur.

Mais n'oubliez jamais que ce qui importe le plus, c'est le lien unissant vos âmes. Votre conjoint Poissons est capable d'établir le lien le plus transcendant imaginable entre deux habitants de la planète, mais il doit savoir que vous êtes totalement et véritablement avec lui.

Tous les signes contrebalancent celui qui les a précédés — et le Poissons neutralise la rationalité et l'intellectualisme du Verseau en privilégiant le cœur. Pour le Poissons, les sentiments constituent le début, le milieu et la fin de tout. À l'image de l'élément auquel il appartient, l'eau, le Poissons se mêle et se moule à son environnement et au climat émotif qui y prévaut. Le Poissons emprunte les sentiments et les émotions de tous ceux qui l'entourent, et ne réussit pas toujours à distinguer où les siens finissent et où ceux d'autrui commencent. La plupart des Poissons sont dotés d'une faculté psychique leur permettant de sentir leur environnement, les humeurs d'autrui et même les tendances à venir, avant la majorité des autres signes. Comme toutes les forces, cet état de conscience à la fois mystique et psychique peut se transformer en faiblesse s'il n'est pas équilibré. Les natifs du signe des Poissons doivent s'engager activement dans le monde matériel pour contrebalancer leur côté mystique.

Étant donné que l'homme comme la femme Poissons est terriblement sensible, vous devrez faire preuve de beaucoup de conscience. Il est trop facile de les blesser, même les plus évolués ; si votre Poissons est blessé, il peut se réfugier dans le coin le plus sombre et le plus profond de la mare, ou tout bonnement disparaître jusqu'à ce qu'il ait séché ses larmes et retrouvé ses esprits. Il suffit toutefois de peu pour le ramener à la surface — il se laisse facilement porter par le courant. Lui proposer de faire la paix, l'entourer de votre bras, lui avouer que vous êtes sincèrement désolé, c'est peu pour rétablir une communication qui saura apaiser votre âme malmenée par la vie chaque fois que vous en aurez besoin.

Le Poissons sait comment consoler et réconforter mieux que quiconque. Mais il a lui aussi besoin d'être réconforté, et beaucoup. En raison de sa grande perspicacité spirituelle, il lui arrive parfois

Les tortures font partie de ma panoplie,
Et donc pas besoin de demander au blessé ce qu'il ressent, puisque je deviens moi-même le blessé.
— Walt Whitman

d'être désorienté et déraisonnable lorsque l'on ne tient pas compte de ses sentiments. Cela provoque souvent un beau gâchis. Mais ainsi va la vie, chaque médaille a son revers. Le fait d'entretenir une relation amoureuse avec un Poissons aura pour avantages de vous enrichir sur le plan spirituel, de vous relier au sacré et de vous ouvrir le cœur – parfois à en avoir mal. C'est une relation qui se situe au-dessus et au-delà de toute autre. Si vous avez la chance de cultiver une relation intime avec cette créature énigmatique, mystique et parfois élusive, non seulement êtes-vous béni des dieux, mais vous récoltez du même coup une lourde responsabilité. La responsabilité de nourrir ces sentiments à fleur de peau et d'avoir le courage de plonger dans les eaux profondes des émotions dans lesquelles le Poissons nage volontiers. En contrepartie, vous en retirez des bienfaits aussi vastes qu'insondables : une meilleure compréhension de votre âme et une immense ouverture de votre cœur.

Si vous avez envie d'une relation fondée sur la plus profonde des unions spirituelles, vous ne pourriez faire mieux que de tomber amoureux d'un Poissons. Lorsqu'ils servent les aspirations évolutionnaires les plus élevées, les fils et les filles de Neptune sont les véritables gardiens spirituels de la terre.

Bon voyage, et gardez les yeux et le cœur tournés vers le fleuve qui s'étend devant vous.

Le Poissons doit alimenter son Soleil intérieur en s'immergeant régulièrement dans la conscience universelle. L'âme profondément spirituelle qui s'est incarnée dans le natif du Poissons a besoin de s'immerger dans « l'autre monde » – par la méditation, la musique, la danse, les arts, la spiritualité… Elle a besoin de prendre le temps de se retirer du monde terrestre et de gagner le monde intérieur. Pour se sentir pleinement vivante et saine dans ce monde fou, l'âme du Poissons doit s'en retirer régulièrement.

Le côté sombre des Poissons

Le côté sombre de l'âme des Poissons réunit toute l'obscurité et la douleur des 11 signes précédents – et plus encore. Si d'un côté se trouve la possibilité de connaître l'illumination, l'union cosmique et la félicité de fusionner avec le Divin, de l'autre, il y a risque de glisser dans l'abîme de l'évasion, de la dépression et du désespoir. Ce n'est pas une coïncidence si les boissons fortes en alcool portent le nom de « spiritueux » (signifiant « riche en esprits »). Nul autre signe n'est plus porté à faire usage de ces « esprits » que le Poissons. Le sans-abri alcoolique et brisé errant par les rues est l'exemple du Poissons dont le besoin de « fusionner avec l'esprit » a mal tourné. Aucun raccourci ne mène au paradis, mais le Poissons est très enclin à croire qu'il y en a.

Par conséquent, l'évasion est ce qui peut causer la perte des Poissons. L'évasion des contraintes du monde trivial. L'évasion des tourments émotifs causés par une rupture amoureuse, l'abandon et la séparation. Les blessures originelles (dont la principale est l'anxiété due à la séparation), dont nous souffrons tous dans une certaine mesure, semblent plus aigües chez l'âme des Poissons. Le désir de s'en évader y est présent à la naissance. Un Poissons plus conscient emploiera ce désir pour transcender l'attrait du monde matériel et pour créer de belles œuvres d'art, de musique, de danse et de littérature. Neptune gouverne ces domaines et ses enfants sont les personnes les plus artistes et créatives de la planète.

Sur un autre plan, l'aptitude à se connecter au Divin est évidente chez ces individus qui œuvrent depuis la vraie nature de la réalité (qui n'est pas celle que l'on perçoit à travers nos lunettes tridimensionnelles), et en font des révélations stupéfiantes. Le scientifique et mystique Albert Einstein est l'exemple même du Poissons type qui a réussi à réaliser le potentiel le plus élevé de ce signe.

L'attrait exercé par le côté sombre de ce signe est toujours présent. Plus que tout autre signe, le Poissons a le potentiel d'atteindre les plus hauts sommets et, pareillement, de sombrer dans l'abîme – un abîme qu'il creuse lui-même à force de vouloir transcender la vie terrestre. Tant et aussi longtemps que nous habitons notre corps matériel, il n'y a pas d'échappatoire possible, aucun moyen d'éviter les contraintes du monde matériel et de fusionner totalement dans l'unité et la félicité cosmiques. Au mieux, nous l'entrevoyons. Grâce à la méditation, à la discipline spirituelle, à l'élévation de la conscience, à la profonde intimité, nous pouvons modifier notre expérience des réalités de ce monde et ainsi nous rapprocher d'un état de félicité et d'unité. Mais le Poissons moins évolué fait l'expérience océanique de l'unité en évitant la discipline et les responsabilités, en optant pour l'évasion.

L'abus d'alcool et de drogues est l'un des côtés sombres du Poissons. Mais il y a d'autres aspects, peut-être moins insidieux, de son côté sombre qui peuvent aussi, en surdose, se révéler néfastes. L'excès de télévision, de nourriture, de sexualité, de sommeil. Tout ce qui procure du plaisir, distrait de la souffrance et détourne des responsabilités peut devenir un véhicule d'évasion.

Ces Poissons qui utilisent régulièrement l'évasion et l'évitement comme stratégies de survie ne font pas, il va sans dire, des partenaires sexuels bien séduisants. Le laisser-aller découlant de la passivité et de l'absence de volonté n'a pas plus de résistance qu'un mouchoir de papier détrempé, et ce n'est vraiment pas séduisant. Tout le poids des réalités de l'existence — la responsabilité de gagner la vie, de conserver un minimum d'ordre, de régler les factures et de veiller à ce que les besoins de base soient comblés — incombe au partenaire. La passivité a peut-être une sorte de charme enfantin, et les complexités d'une union entre les âmes peuvent certes se révéler délicieusement grisantes et susciter une forme de dépendance, mais si ce n'est pas contrebalancé par la conscience de la vie réelle, tout s'effondre. Saturne symbolise le besoin d'ordre, de frontières, de limites, de contrôle et de discipline. Neptune, la planète gouvernant les Poissons, est tout le contraire — c'est le symbole du démantèlement des frontières, de la dissolution et de la transcendance, ou du dépassement des limites de la vie physique. Lorsque le Poissons glisse dans l'obscurité, c'est le côté sombre de Neptune qui s'empare de sa psyché — et c'est ce Poissons que nous décrivons ici. Ce type de Poissons doit s'éveiller à lui-même, sinon toutes ses relations connaîtront la même conclusion malheureuse.

À cause de son désir de faire disparaître les frontières et de fusionner, auquel vient s'ajouter sa foi en un idéal transcendant, le Poissons n'aime guère reconnaître que son partenaire n'est pas parfait. Il veut fusionner

> *Elle dérive, tout ce qu'elle veut faire de sa vie c'est la perdre en quelque endroit.*
> — Dorothy Baker

complètement avec un partenaire idéalisé ; comme il a horreur de tout ce qui n'est pas totalement exemplaire, il risque de devenir la proie de ses fantasmes, de son imagination, de ses illusions, et d'être déçu. Le Poissons se convaincra que tout est parfait, qu'il nage dans le bonheur parfait – une attitude des plus dangereuses en matière de relation. Ce genre de Poissons peut s'attacher à des fraudeurs, des perdants, des gaspilleurs – devenir le martyr et la victime de son propre refus de cesser de rêver et de voir la vérité en face. Ces individus portent en permanence des lunettes aux verres teintés de rose, et c'est ce qui conduit un grand nombre de Poissons à se retrouver victimes de la vie.

Ce penchant à l'idéalisation se manifeste aussi lorsqu'un Poissons met un terme à une relation parce qu'elle ne correspond par à son idéal. Il s'imagine que l'amour va de pair avec une félicité parfaite. La réalité n'est pas à la hauteur, par conséquent le Poissons a le sentiment qu'on ne l'aime pas assez. Elizabeth Taylor en est un exemple. Elle aurait dit quelque chose comme « J'ai toujours eu le sentiment qu'on ne pouvait pas m'aimer assez ». Ce qui a certainement joué un rôle dans le fait qu'elle se soit mariée un si grand nombre de fois. La quête de l'amour parfait, idéal, neptunien, éperdu est l'une des illusions qu'aime entretenir le Poissons.

À l'autre extrémité de ce phénomène de la victime, les Poissons ont la réputation de toujours chercher à « sauver » les autres (les autres victimes). En raison de leur grande empathie, de leur compassion et de leur sensibilité à la souffrance d'autrui, ils sont très émus par les histoires tristes. Trop vulnérable devant un cœur qui saigne, le

Poissons est facilement bouleversé lorsque l'on sollicite son empathie. Tout ceci est bien beau, et il va de soi que les Poissons jouent un rôle important dans ce monde — en tant que bénévoles dans un hospice, travailleurs dans des institutions accueillant des personnes souffrant de diverses blessures aussi bien physiques qu'émotives. Cependant, ce penchant devient néfaste lorsqu'ils négligent leurs relations personnelles et familiales au profit des besoins de la collectivité. Comme Neptune est associé à l'amour universel, sans frontières, les Poissons qui sont incapables d'établir une véritable intimité risquent de faire passer en second l'amour individuel. Les besoins d'autrui deviennent alors des substituts et sont considérés être plus importants que ceux des proches et des êtres chers. Ce sont des gens qui sont bénévoles pour des services d'écoute téléphonique, mais négligent les besoins émotifs, voire matériels, de leurs propres enfants et conjoints.

Et puis, il y a la fusion des deux — de la victime et du sauveur — dans une relation d'interdépendance. C'est ce qui se produit lorsque l'aidant, le sauveur, renforce la dépendance du malade ou de la victime. Le territoire obscur du Poissons est densément peuplé de personnes interdépendantes. Les personnes enclines à l'autodestruction piègent souvent le Poissons crédule et compatissant — une dynamique qui permet le développement de l'interdépendance. La femme Poissons mariée à un alcoolique en est un exemple classique. Elle est convaincue d'aimer cet homme, et cet amour lui fait croire qu'elle doit le sauver de ses démons, qu'il a besoin d'elle pour vivre. En vérité, elle a autant besoin de lui qu'il a besoin d'elle, car il nourrit son désir d'être le sauveur, ou le martyr. Cette femme Poissons n'ayant pas de frontières nettes ni une identité claire fusionne avec l'identité de son partenaire dont les tendances autodestructrices les conduisent tous les deux à leur perte. Si elle ne se rend pas compte de ce qui se passe, elle risque d'être détruite.

La femme Poissons peut aussi être attirée par des relations où le conjoint la maltraitera, et sa compassion pour son bourreau l'incitera à entretenir cette relation pendant de trop nombreuses années. Elle est une vraie victime et l'est devenue à cause de son incapacité à établir des frontières définissant sa valeur : ce qu'elle acceptera et ce qu'elle n'acceptera pas. Elle se contente d'accepter encore et encore. Elle est passive et molle au point où son esprit finit par être réduit en bouillie.

Il n'est pas aisé de remédier au côté sombre du Poissons. Notre but, ici, est l'éveil — et si vous aimez un Poissons qui a sombré dans l'obscurité, le service le plus utile et le plus aimant que vous puissiez lui rendre est de lui faire comprendre quelques-unes des « réalités » de ce monde. Que le fait de boire une bouteille de vin chaque soir ne lui apportera pas une paix durable ; qu'à force de fuir devant la souffrance, au lieu d'y faire face, il ne fait que l'entretenir.

Le cœur du Poissons a d'abord besoin d'être écouté afin qu'il puisse ensuite entreprendre de panser les plaies que la vie lui a infligées. Écoutez-le, soutenez-le, aimez-le, mais n'allez pas le sauver (c'est la voie vers l'interdépendance) ; il importe que vous l'encouragiez à découvrir sa propre force intérieure. Sa plus grande qualité est sa disposition à aimer sans limites, mais il doit la tempérer en prenant conscience de sa propre valeur et de la nécessité d'établir ses frontières. Ces cœurs tendres ont besoin de se savoir aimés et soutenus, et ils ont besoin que l'on reconnaisse ce qu'ils donnent. Ainsi, la lumière arrive peu à peu à chasser l'obscurité. Pour les natifs de ce signe, l'amour vient à bout de tout. Mais s'ils ne le comprennent pas cette fois-ci, cela importe peu, ils auront toute l'éternité pour cela.

Compatibilité

Ce sont les autres signes d'eau, soit le Scorpion et le Cancer, qui sont les plus compatibles avec le Poissons. Il s'agit cependant d'une généralisation – il faut pour établir une véritable compatibilité voir ce qui ressort lorsque l'on compare les deux cartes du ciel. Le Soleil n'est qu'un élément parmi tant d'autres. Ceci dit, le Poissons a besoin de sentir que ses relations reposent sur un lien émotif, propre à lui nourrir l'âme – et avec qui peut-il mieux établir un tel lien qu'avec un autre signe d'eau ?

L'air est souvent attiré par le Poissons et réciproquement. Ils pourront en tirer des leçons fondamentales, et il semble que c'est l'Univers qui arrange ces choses – non pour nous plonger dans le plus grand bonheur, mais pour nous mettre à l'épreuve. Comme nous l'avons mentionné en parlant du Verseau, il existe entre ce signe et le Poissons une harmonie « inhabituelle » – bien qu'en théorie le Verseau ne soit pas compatible, étant un signe d'air. Lorsque l'air et l'eau se mêlent, cela crée infailliblement des remous.

La terre a des affinités avec le Poissons, mais l'excès d'eau peut transformer la terre en boue – il faut donc veiller à maintenir l'équilibre. La terre peut se révéler trop sèche, trop matérialiste pour le Poissons rêveur. Par contre, le Poissons peut apporter à la terre une dose de détachement susceptible d'apaiser et d'accélérer la guérison des signes de terre.

En théorie, les signes de feu ne font guère bon ménage avec l'eau du Poissons, mais cela peut produire une grande quantité de vapeur bénéfique. Tout dépend du degré de conscience des deux parties. Et, encore une fois, des autres éléments de leurs cartes du ciel respectives.

Conseils pour améliorer votre relation

Si vous entretenez une relation avec un Poissons, il importe que vous soyez conscient que votre partenaire a intensément besoin d'un contact d'âme à âme. Peut-être vous demandez-vous de quoi il s'agit au juste, mais ce n'est pas très compliqué dans le fond. L'âme indique toujours quels sont ses besoins. Dans le cas des Poissons, il s'agit de créer une ambiance de tendresse avec de la musique douce et un éclairage tamisé, de se regarder longuement les yeux dans les yeux (les miroirs de l'âme), de s'étreindre, de se toucher, de se lier physiquement — voici quelques-unes des façons d'émouvoir l'âme. En gros, tout ce qui vous éloignera de l'aspect terre-à-terre de la vie et vous plongera dans l'univers de l'esprit contribuera à préserver la magie de votre relation.

Le Poissons peut se montrer très tolérant si le côté spirituel est entouré d'attentions. Les longues séparations, le fait qu'il n'occupe pas le premier rang, toutes ces choses qui conduiraient d'autres signes à rompre, peuvent être transcendées par le Poissons — qui de toute façon obéit à des règles différentes. Mais négligez le lien unissant vos deux âmes, et votre relation dépérira lentement. Son corps sera présent, mais son âme se mettra en quête d'un autre refuge. Malheureusement, il s'agira peut-être d'un moyen d'évasion... donc, si vous aimez vraiment ce Poissons, homme ou femme, soyez présent, non seulement de corps, mais aussi d'âme. Montrez-vous affectueux de toutes les façons possibles. Les petites choses comptent, et le Poissons est très sensible aux détails. Ce petit ton tranchant, cette impatience dans votre voix, ces petits oublis peuvent être très blessants pour le Poissons. Prenez en charge le côté pratique de votre existence — les Poissons, particulièrement les femmes, ne sont pas doués pour cela.

Cette relation, si toutefois vous veillez à ce que l'âme y soit présente, vous fournira la clé de vos propres profondeurs cachées, ce qui est précieux. C'est une relation qui mérite que vous fassiez l'effort de prendre pleinement conscience du rôle que joue l'âme dans votre union, d'y être éveillé, tout en demeurant fermement ancré dans le monde matériel.

4

Votre destin supérieur

La vie est un mystère qu'il faut vivre
et non un problème à résoudre.
— Thomas Merton

Comprendre les choses c'est avoir été dans les choses puis en être sorti ; il faut donc captivité, puis délivrance ; illusion et désillusion, engouement et désabusement. Celui qui est encore sous le charme, celui qui n'a pas subi le charme sont incompétents.
— Henri-Frédéric Amiel

Nous avons tous une tâche essentielle à accomplir. Notre destin supérieur consiste à atteindre le but que poursuit notre âme, à réaliser ce qui est le plan de notre vie. Les signes du zodiaque nous donnent des indices et des clés nous permettant de cerner ce dont notre âme a besoin pour vivifier notre personnalité, et de voir où il est préférable d'investir nos efforts dans notre quête d'individuation.

Lorsque nous nous employons à accomplir cette tâche essentielle, nous sommes en bonne voie de devenir pleinement tout ce que nous pouvons être. Comme nous l'avons vu, chaque signe possède ses forces et ses faiblesses. Éliminer les faiblesses inhérentes à notre signe solaire est une affaire de conscience et d'intention. Par les réflexions qui suivent, j'ai tenté de mettre en évidence l'essence et le potentiel supérieur de chaque signe — parfois en indiquant les écueils qui le guettent. Grâce à cette conscience, il vous sera possible de prendre la décision de tirer le meilleur parti possible de la chance de guérir et d'évoluer que vous offre cette vie.

Les intentions sont puissantes. Mais nous sommes tous humains, et la condition humaine est obligatoirement fracturée. Nous ne serons pas toujours parfaits. Nous sommes pour la plupart à plusieurs vies de la sainteté.

C'est pourquoi nous sommes ici. Le jeu consiste à apprendre, à échouer, à croître et à apprendre encore, et tout ceci fait partie du mystère qu'est la vie.

Il ne faut pas craindre de commettre des erreurs. D'ailleurs, il nous faudrait sans doute redéfinir le mot « erreur ». Lorsqu'on tourne un film, chaque scène nécessite plusieurs prises. Notre existence ressemble à un film, et nous y tenons le rôle principal. Commettre des erreurs fait partie du plan, car c'est ainsi que nous arriverons à comprendre tout cela du fond du cœur et de l'âme. *Tout cela,* ce sont les leçons sur lesquelles nous nous penchons à cet instant précis. Plusieurs de ces leçons portent sur nos relations.

En matière de relation, les « échecs » ne sont des échecs que parce que notre compréhension (ou celle de la société) est limitée. Selon la perspective de l'âme, un « mariage qui a échoué », par exemple, pourrait être le plus heureux des dénouements ! Nous avons peut-être résolu un karma important avec cette personne. La raison pour laquelle nous nous sommes retrouvés ensemble était peut-être de faire exactement ce que nous avons fait, au moment où nous l'avons fait. Par conséquent, à ce niveau de conscience, il n'y a ni erreurs ni échecs — pourvu que nous apprenions de cette expérience. Nous connaissons tous des personnes qui persistent à dire encore et encore le même vieux karma. Il est difficile d'être conscient du voyage que doit accomplir son âme et de rester en même temps embourbé dans le même schéma.

C'est un bon exercice de se pencher aussi sur le signe opposé au sien, car chacun des signes agit en paire binaire opposée. Notre signe opposé contient donc les germes de ce que nous devons intégrer pour que notre âme puisse mieux accomplir un voyage aussi pur que possible. Par exemple, le courage et la confiance en soi du Bélier atteignent un niveau de qualité supérieure lorsqu'ils reçoivent le souffle de la conscience d'autrui de la Balance.

L'efficacité et le souci du détail de la Vierge atteignent un niveau de qualité supérieure lorsqu'ils englobent la vision d'ensemble du Poissons.

Chaque signe voit sa conscience s'élargir lorsqu'il s'efforce d'intégrer les polarités de son signe opposé.

Bélier

En tant que Bélier, votre destin supérieur consiste à insuffler du courage dans vos actions, en vous servant pour cela de l'énergie de votre esprit. Vous êtes d'une essence pure, qui n'a peur de rien et en sait beaucoup. Vous devez apprendre à vous fier à ces qualités. Votre intuition est vive, mais vous êtes habituellement si accaparé par les activités et les défis de l'existence que vous ne l'écoutez pas toujours. Si vous arrivez à vous immobiliser sur une base quotidienne et à vous tourner vers l'intérieur, vous apprendrez à reconnaître cette voix — que vous l'appeliez intuition, âme ou Moi supérieur. Puis, utilisez, dans tout ce que vous entreprenez, l'énergie provenant de cette connaissance, en laquelle vous pouvez avoir confiance. Vous pourrez ainsi aider les autres à se sortir de leur dépendance à l'égard des fausses prétentions de l'ego. Ils seront renversés et tirés de leur complaisance à vous voir ainsi agir avec la foi absolue, l'excitation et l'exubérance que l'on a lorsqu'on participe pleinement à la vie — qu'on embrasse tout, autant les bons que les mauvais côtés de l'existence.

Votre courage et votre assurance font de vous un chef né. Votre façon de gouverner doit faire passer l'âme avant l'ego. Trop souvent, chez vous, c'est l'ego qui domine, car la première préoccupation du Bélier est la survie physique, qui relève du domaine de l'ego. Le rôle de l'ego est de nous faire croire que nous devons être séparés (il réussit bien à nous duper) si nous voulons réussir à prendre soin de nous-mêmes et à survivre dans notre corps.

C'est donc très facile pour vous d'obéir à la voix de l'ego et d'imposer le silence à celle de l'âme. Approfondir votre lien avec l'Infini, telle est la tâche qu'exige de vous votre destin supérieur. Vous devez devenir plus conscient de votre lien aux autres – les voir moins comme des menaces envers votre survie, des rivaux, et plus comme des âmes qui pourraient bénéficier de votre courage et de votre perspicacité.

Capable de gouverner, prêt à vous engager envers la vie, vous avez tout ce qu'il faut pour encourager et inspirer ceux qui sont moins aptes que vous. Vous n'êtes pas obligé pour autant de devenir un travailleur social. Il faut plutôt vous montrer plus sensible aux besoins d'autrui, plus conscient de l'Un, du lien qui nous unit tous ; ainsi, la voix de votre ego se fera plus discrète, plus silencieuse.

Les autres ne représentent pas une menace ; nous jouons tous le même match. Nous pouvons nous entraider. De nos jours, nous n'avons plus à lutter pour notre survie. Nous devons plutôt apprendre à renoncer à l'idée que nous sommes séparés et embrasser le fait que nous sommes liés à ceux qui partagent la planète avec nous. Les bons chefs portent cette responsabilité et possèdent cette conscience – et telle est votre destinée.

Vous êtes : fort, courageux, intuitif, passionné, combatif, énergique, impulsif, volontaire.

Ce que vous pouvez apprendre de votre signe opposé : La Balance peut vous enseigner à coopérer avec autrui au lieu de vous placer, vous et vos besoins, en tête de liste. Apprenez à prêter une oreille plus attentive aux propos de votre partenaire. Écoutez son point de vue, sa vérité. On n'attire pas les mouches avec du vinaigre – imitez donc la Balance et efforcez-vous de plaire d'abord aux autres. Exercez-vous à être un témoin. Observez vos gestes, vos paroles. Vous deviendrez ainsi plus conscient des bienfaits de l'inaction, de l'immobilité. Il y a un temps pour agir et un temps pour cesser d'agir. La Balance est consciente qu'il importe de savoir attendre, de réfléchir, de marquer une pause et de discuter. Ajoutez cette conscience au pouvoir que vous employez pour servir vos intérêts et vos actes gagneront en puissance.

Quelques-uns de vos symboles dans le monde matériel : la planète Mars, les compétitions sportives (en tant que participant ou spectateur), les périples héroïques, les actes de bravoure, gagner, défricher (être un pionner), le rouge, le chiffre 1, le fer, les diamants, la tête, les aliments épicés (moutarde, piments), les câpres, les moutons et les couteaux. L'Angleterre, la France et l'Allemagne sont des pays Bélier ; Naples, Florence et Marseille sont des villes Bélier.

Pour le bien de votre corps et de votre esprit, vous devez : utiliser votre vaste réservoir d'énergie à pratiquer des sports et des exercices physiques exigeants ; vous connecter à l'esprit de la nature, et en profiter pour absorber la vitalité du Soleil en marchant, en courant et en faisant du vélo en plein air ; fortifier votre corps en disciplinant votre esprit ; vous adoucir, retenir vos propos avant de les lancer comme autant de flèches blessantes ; trouver la paix intérieure en cherchant quel est le sens profond de votre périple terrestre.

Votre âme a besoin que vous : desserriez les poings. Obéissez à votre intuition, relâchez votre prise, et soyez sûr que des pouvoirs supérieurs assureront votre survie. Vous ne pouvez pas ne *pas* survivre. Vous êtes un être éternel, et votre conscience vous survivra lorsque vous quitterez cette vie. Vous faites aussi partie d'un ensemble plus vaste, et la coopération d'autrui vous sera utile. Vous l'obtiendrez en mettant parfois vos propres désirs de côté et en étant attentif aux besoins des autres. Votre conscience et la qualité de votre vie dépendent de votre compréhension qu'il existe plusieurs sortes de forces — et que vous possédez plus que les autres celle d'être un chef ! Utilisez à bon escient vos dons physiques en leur infusant la force de votre esprit. Ensemble, ils forment une équipe incroyablement puissante — forte, mais douce, audacieuse, mais constante : l'enthousiasme, l'énergie et la spontanéité de l'enfant combinés à la sagesse et à l'altruisme de l'adulte accompli. C'est ce qui vous est promis, c'est ce que vous pouvez accomplir.

Taureau

Votre destin supérieur consiste à cesser de vous soucier de votre survie matérielle et à trouver une sérénité et une paix profondes en vous plongeant dans la nature. Vous rayonnez et vous faites rayonner les autres lorsque vous comprenez la véritable nature du désir – celui qui s'accorde parfaitement aux lois de la nature.

Vous possédez de profondes affinités avec les désirs du monde naturel, physique, et il importe que vous compreniez que cela indique que l'univers du désir souhaite vous ramener à votre esprit. Libérez-vous des liens de la possessivité et du matérialisme, ce ne sont que des moyens d'arriver à ses fins. Votre destin supérieur consiste à convertir en expression artistique et créative votre besoin de sécurité et votre désir de jouir de la présence rassurante du confort et des plaisirs matériels.

En vous libérant des chaînes qui vous retiennent à l'univers du matériel, vous vous ouvrirez à de nouvelles perspectives qui vous permettront d'exprimer votre sens inné de la beauté et de la texture de l'existence physique. En vous donnant la latitude de vous unir à l'énergie créatrice de l'Univers, vous imposerez le silence à la voix de votre ego avide de sécurité et laisserez votre belle et forte sensibilité esthétique s'exprimer dans des formes matérielles. Vous découvrirez alors que vous êtes en sécurité, et que vous le serez toujours, car vous êtes nourri par la main qui vous a créé. Cette même main vous reprendra un jour, et tous vos efforts pour vous isoler de cette ultime et inévitable perte seront vains. Cela peut se produire n'importe quand.

Votre destin supérieur consiste à découvrir que toutes vos créations dans le monde des formes ont pour mission d'être les véhicules et l'expression de l'Infini. Elles n'ont aucune permanence, et c'est pour vous une grande découverte — la permanence n'existe pas, mais vous pouvez trouver la paix ! Pour vous, cette découverte passe par les lois de la nature et par la présence tranquille et la sérénité que l'on ressent quand on s'ouvre à elles.

Vous apprendrez finalement que c'est uniquement dans l'informe que se trouve la permanence. Lorsque vous ouvrirez les yeux et le cœur, vous finirez par voir que votre désir persistant et insistant que la vie vous apporte la sécurité est illusoire, car la sécurité que vous recherchez ne se trouve que dans la sérénité de l'univers naturel. Vos attentes envers le monde matériel *sont* finalement de nature spirituelle.

Le monde est une illusion, bien qu'il s'agisse d'une illusion persistante. Le monde des formes est une illusion, mais une illusion capable de nous mener à la vérité — si l'on obéit aux lois de la nature. C'est bien d'honorer le monde matériel, le monde non permanent des formes, car il constitue en fait la part visible du tout. Votre mission consiste à reconnaître cette vérité pour ce qu'elle est, et puis d'employer votre don de Taureau, votre affinité pour les formes et la terre, pour montrer aux autres la sérénité découlant de cette connaissance.

Les peurs, l'insécurité et les doutes ayant trait à la valeur intrinsèque du monde des formes sont la monnaie de l'ego et vous devez les prendre pour ce qu'ils sont.

Pour atteindre la sérénité, vous devrez cheminer d'un pas lent et assuré sur la terre – comme une âme éveillée qui sait comment jongler avec les formes ; vous deviendrez un alchimiste, capable de convertir le plomb de la matière solide en or, celui de l'expression artistique sacrée. C'est votre destin supérieur de créer, dans les formes, des œuvres révélant – à celui qui voit vraiment – la beauté de l'invisible cachée derrière le visible.

Vous êtes : tenace, endurant, résolu, créatif, stimulant, sensuel, fiable.

Ce que vous pouvez apprendre de votre signe opposé : Le Scorpion vous enseignera à fouiller sous la surface, à réfléchir sur la nature du pouvoir et sur l'origine de tout ce qui existe sur le plan visible. Le Scorpion connaît le secret : le monde des formes est l'effet et non la cause. Apprenez à chercher la source. Le corps tombe malade après que la psyché (l'âme) ait la première perdu son équilibre. Le tableau magnifique vient de l'âme du peintre. Le Scorpion connaît le pouvoir de l'invisible. Vous pouvez ajouter ce savoir à votre créativité. Apprenez également du Scorpion l'importance de renoncer, de se détacher de ce dont on n'a plus besoin. Sachez quand lâcher prise. Cessez de lutter contre le courant de la vie. Rien n'est immuable, tout est fluctuant. Le changement est la seule constante.

Quelques-uns de vos symboles dans le monde matériel : la planète Vénus, les aliments réconfortants, les céréales, la création artistique et l'artisanat, la poterie, les coquelicots, les marguerites, la digitale pourprée, les émeraudes, la gorge et la glande thyroïde, la décoration intérieure, les gants, la menthe verte, les bovins, le rose, le bleu clair et le vert. L'Irlande, la Suisse et l'Iran sont des pays Taureau ; Dublin et Saint-Louis sont des villes Taureau.

Pour le bien de votre corps et de votre esprit, vous devez : passer du temps dans la nature à jardiner, toucher la terre, planter ; vous servir de vos mains pour créer avec de l'argile, du bois, du tissu, de la peinture ; masser, soulager et convertir l'énergie avec vos mains ; créer de beaux objets ; jouir de la brise sur votre visage ; bouger et sentir que votre corps est le prolongement de votre esprit.

Votre âme a besoin que vous : relâchiez votre prise sur le monde matériel. Ayez confiance en la vie. Votre vie obéit à un plan, et il n'est pas nécessaire que vous vous souciiez du monde extérieur au point d'en négliger le monde intérieur. Vos forces sont votre sens inné de la beauté du monde matériel et votre talent pour intégrer cette beauté dans le monde des formes grâce à votre expression créative. Vous éclairez et stimulez les autres lorsque vous faites confiance à la vie, vous laissez porter par elle, et créez en cours de route de beaux endroits et de beaux objets. Soyez toujours conscient que plus vous tiendrez au monde des formes, moins l'esprit aura la latitude de se manifester dans votre vie. En renonçant aux possessions, vous créez de la place pour les seules possessions qui importent, soit celles de l'âme. C'est ce qui vous est promis, c'est ce que vous pouvez accomplir.

Gémeaux

Votre destin supérieur consiste à connaître l'émerveillement dans l'univers des idées et de leur interrelation. Votre voyage est un voyage d'apprentissage infini. Vous avez besoin d'être continuellement étonné, sans cesse curieux envers la vie et ses merveilles. Vous inspirez les autres en communiquant, et en intégrant à votre vie la pertinence et la valeur du changement et du fait d'être généraliste (par opposition à celui d'être spécialisé). Le destin exige de vous que vous vous liiez à autrui en ouvrant votre cœur et votre esprit et en ayant la volonté de changer la réalité extérieure.

Plusieurs personnes dominées par leur ego jugent le changement menaçant et y résistent. Lorsque l'on se raccroche à ce qui est connu, qu'il s'agisse d'anciens schémas de pensées inconscients ou de situations de la vie terrestre (les unes étant le reflet des autres), on force la conscience de l'âme à se retirer. Et on se coupe du même coup de l'Infini. Vous enliser dans la routine, vous agripper à ce qui est éprouvé, est mortel pour votre esprit. On ne peut rencontrer l'âme que dans la fraîcheur de la nouveauté — en renonçant à ses vieilles habitudes, en développant de nouveaux talents —, et c'est votre destin d'éveiller les autres à cette réalité.

Votre volonté et votre désir de poursuivre de nouveaux apprentissages, d'explorer de nouveaux territoires et de faire de nouvelles expériences vous ouvrent la porte de l'immensité de la pensée en ce monde. Cette vie n'en est pas une de spécialisation, et vous devez apprendre à vous libérer des chaînes des limites mentales.

Vous avez l'esprit assez vif et agile pour entrevoir les possibilités que recèle la nouveauté, mais votre peur de perdre ce que vous possédez dans le processus pourrait être votre talon d'Achille. Vous devez avoir confiance en votre capacité de vous adapter au flot de la vie, de vous lier aux autres ; vous êtes doté de tout ce dont vous avez besoin pour ce voyage. Tel est votre plus grand potentiel – vous lier à autrui grâce à vos multiples sujets d'intérêt. De cette façon, vous stimulez les autres et devenez pour eux un modèle d'apprentissage.

Il vous faut parfois refréner votre inconstance et votre agitation, et prendre le temps de comprendre le sens de vos découvertes. C'est à la fois l'étendue et la profondeur qui vous conduiront à nouer les relations dont votre âme a soif. À force de raser rapidement la surface, vous risquez de saboter la liberté que vous apportent vos nombreux apprentissages. La clé, c'est d'épouser l'étendue, en vous ouvrant au changement, et la profondeur, en immobilisant votre esprit et en ouvrant votre cœur. Votre nature double vous donne la capacité d'accomplir les deux – et telle est votre tâche. En soi, couvrir du terrain ne suffit pas – vous devez être conscient de la raison pour laquelle vous êtes ici-bas et de la destination où vous conduisent vos apprentissages. Les fourmis sont, elles aussi, fort affairées. C'est *ce à quoi* vous vous activez qui importe.

Vous êtes : agile, vif, souple, changeant, communicatif, un bâtisseur de pont.

Ce que vous pouvez apprendre de votre signe opposé : Le Sagittaire peut vous enseigner à donner du sens à votre savoir. Réfrénez votre envie d'acquérir de nouvelles connaissances assez longtemps pour avoir le temps d'approfondir, et vous découvrirez alors le sens profond des formes extérieures. Apprenez une langue afin de mieux saisir une culture de l'intérieur, ce que pensent les gens. Ralentissez et soyez à l'affût des symboles, des signes. Recherchez l'essence dans la forme. Recherchez la vérité. Prêtez l'oreille à la vérité d'autrui. Lorsque vous discutez avec quelqu'un, mettez-vous au défi d'écouter avec plus de profondeur. Exercez-vous à garder l'esprit ouvert et immobile, sans formuler immédiatement une réponse. Vous avez l'esprit vif, mais il vous faut le discipliner. De ce lieu ouvert, calme, la perspicacité du Sagittaire émergera. Votre vie aura plus de sens et plus de profondeur.

Quelques-uns de vos symboles dans le monde matériel : la planète Mercure, parler, les ordinateurs, les téléphones, les paires de toute sorte, les lettres, les livres, la lavande, le muguet, la fougère, les agates, les noix, le système nerveux, les oiseaux parleurs, les singes, les papillons, les ponts, les épaules, les bras, les mains, le jaune clair et le jaune vif. Le pays de Galles, la Belgique et l'Égypte sont des endroits Gémeaux ; Londres, San Francisco et Melbourne sont des villes Gémeaux.

Pour le bien de votre corps et de votre esprit, vous devez : vous déplacer avec légèreté dans la vie, danser, jouer, bouger sans cesse, discuter, faire part de vos pensées, acquérir des connaissances et trouver chaque jour le temps de vous immobiliser et de calmer votre esprit, de rêver et de méditer. Gardez vos pensées pour vous-même — permettez-leur de croître et de mûrir jusqu'à la sagesse.

Votre âme a besoin que vous : ayez foi dans le sens véritable de vos constants périples. Vous êtes ici pour établir des liens avec autrui, comprendre ce que sont les relations, être un modèle de fluidité, de souplesse et d'ouverture à la nouveauté, cette avenue qu'emprunte l'âme pour se manifester dans la vie. En ne cédant pas au besoin de sécurité, en faisant vôtre le truisme selon lequel lorsqu'une porte se ferme, une autre s'ouvre, vous devenez un modèle pour les autres. Vous avez le don de lâcher prise et de recommencer, mais il vous faut agir ainsi sans regarder en arrière, sans vous soucier de l'endroit où vous conduit la voie que vous empruntez. Établir des liens avec les autres, construire des ponts, être le communicateur — telles sont vos forces. Le destin supérieur du « messager » que vous êtes est de vous exciter, tel un enfant avide et enthousiaste, en découvrant la nouveauté, puis de vous calmer le temps d'en comprendre le sens. Insufflez la vitalité et l'énergie de la nouveauté dans vos relations. C'est de cette façon que vous deviendrez véritablement stimulant et permettrez à vos relations de s'épanouir. C'est ce qui vous est promis, c'est ce que vous pouvez accomplir.

Cancer

Votre destin supérieur consiste à trouver votre place dans le monde, à combler votre besoin d'appartenance, en ouvrant votre cœur à la conscience universelle. Neptune, qui vous gouverne sur le plan ésotérique, représente la transcendance, ce qui signifie que vous possédez de façon innée le sens de l'unité de la vie, qui se situe au-delà de la conscience individuelle. En raison de votre extrême sensibilité, que vous craignez parfois d'oser ressentir, il se peut que vous vous coupiez de la conscience universelle, source de force et de soutien, qui s'ouvrirait à vous.

Si vous arrivez à faire taire l'ego effrayé qui vous fait croire que vous êtes un enfant sans défense seul dans l'Univers, et à avoir foi en votre lien avec le divin, vous pourrez aimer plus pleinement, plus universellement. L'humanité entière bénéficiera d'un amour comme le vôtre. Votre disposition naturelle à prendre soin des autres peut alors rejaillir sur tous, sans condition ni dépendance. Lorsque l'illusion de la séparation s'évanouit, vous lâchez prise, vous cessez de vous agripper désespérément aux gens et aux situations dont vous croyez avoir besoin pour combler votre désir d'appartenance. À la place, vous sentez que vous faites déjà partie de quelque chose, que vous êtes l'enfant de l'Univers. Il vous devient alors possible de prendre soin de plusieurs personnes, d'étendre votre grande capacité d'aimer et de soigner au-delà de votre cercle immédiat.

Le monde a besoin de votre cœur généreux, de votre sensibilité et de votre faculté de percevoir les signaux émotifs d'autrui, mais uniquement lorsque ces qualités se sont développées au-delà des besoins enfantins du Moi. Ce n'est que lorsque vous sortez de votre cercle immédiat et que vous laissez l'âme vous envahir que vous arrivez à aimer avec toute la largeur d'esprit qui vous habite.

Votre destin est d'être celui qui prend soin dans le sens le plus large. Lorsque vous arrivez à désamorcer votre histoire, vous laissez alors votre âme entrer, devenez conscient de l'origine de vos schémas habituels et vous retrouvez dans un état d'esprit où vous avez confiance en la vie. Tel est votre destin supérieur.

Vous êtes : attentionné, compatissant, sensible, défensif, protecteur, ouvert à l'intangible.

Ce que vous pouvez apprendre de votre signe opposé : Le Capricorne vous enseignera à maîtriser vos humeurs afin qu'elles ne vous dominent plus. Il est parfois utile de se détacher de ses émotions, toutefois n'ayez pas peur de ressentir vos sentiments. Apprenez à vous présenter sous votre meilleur jour, même lorsque vous pataugez dans le marécage des émotions négatives. Lorsque vous arrivez à vous distancer de votre nature trop émotive, sachant à l'instar du Capricorne que « tout finit par passer », vous accédez à une conscience supérieure, la conscience universelle. Si vous vous détachez davantage de vos sentiments, vous cesserez d'éprouver de la confusion et vous verrez plus clairement quelle voie emprunter. N'oubliez pas que vos sentiments ne sont pas réels ; ce sont des ressacs d'énergie, rien de plus. Lorsque vous

vous sentez trop bouleversé, concentrez-vous davantage sur le plan matériel, comme le fait volontiers le Capricorne.

Quelques-uns de vos symboles dans le monde matériel : la Lune, la grossesse, la maternité, les bateaux, le lait, la photographie, les caméras, les antiquités, la poitrine et les seins, les perles, les crabes, les tortues, les arbres généalogiques, les fleurs blanches, les roses, les lys, les couleurs argent, gris fumé, crème et nacrées. L'Écosse, la Hollande, les États-Unis et les pays de l'Afrique du Nord sont des endroits Cancer ; Amsterdam, Stockholm, Milan, Venise, New York et Tokyo sont des villes Cancer.

Pour le bien de votre corps et de votre esprit, vous devez : nettoyer votre champ d'énergie aurique grâce au pouvoir thérapeutique de l'eau, nager, prendre des bains et des douches, passer du temps au bord de la mer, vous asseoir dehors par une nuit de pleine lune et vous imprégner de sa lumière, palper des cailloux et des pierres précieuses venus de la terre et ressentir votre lien avec d'autres formes de conscience, vous intéresser à vos ancêtres et étudier votre héritage génétique.

Votre âme a besoin que vous : laissiez tomber vos anciennes défenses. Vous devez comprendre qu'elles ont été érigées par l'enfant anxieux en vous — et qu'elles n'ont plus leur raison d'être dans votre vie empreinte d'une conscience neuve. Fiez-vous à votre savoir intérieur.

Vous ressentez, avec grande acuité, les peines et les émotions de l'existence, et votre tâche est de découvrir si elles sont utiles ou non. Elles sont utiles si elles consolident votre lien avec autrui, et votre conscience et votre compassion à l'égard de la condition humaine. Elles sont inutiles si elles vous incitent à vous retirer, à vous replier dans votre forteresse intérieure. Sachez que votre mission ici-bas est plus élevée que cela. Votre sensibilité est à la fois une bénédiction et une malédiction, mais il vous appartient entièrement de choisir laquelle des deux sera pour vous ici-bas. Ce choix dépend de la force de votre foi en la présence de votre fidèle compagnon, votre Moi supérieur. Il est toujours présent, et vous êtes en réalité chez vous dans le monde. Vous n'êtes pas ici-bas pour chercher à être materné, mais bien pour être la mère — vous avez assez de cœur, de compassion et de sensibilité pour cela, et c'est ce qui vous est promis, c'est ce que vous pouvez accomplir.

Lion

Votre destin supérieur consiste à employer votre créativité et votre joie pour ouvrir la voie au Divin. Vous avez reçu le don de vous affirmer dans le monde tridimensionnel, mais vous devez prendre conscience que vos talents doivent se mettre au service d'impératifs plus élevés : c'est-à-dire qu'ils doivent servir à éclairer la voie au profit d'autrui. L'ego est le dragon que vous devez terrasser, car il est encore plus puissant en vous que chez tout autre signe.

En contrepartie, vous êtes doué pour la création et avez le cœur léger. Vous apprenez à accorder votre confiance et à jouir de la vie, et vous possédez tout ce dont vous avez besoin pour accomplir votre périple. Vous obéissez à votre cœur, mais vous devez dans un premier temps apprendre que votre cœur ne bat pas qu'à l'intérieur de vous, mais également à l'intérieur de l'Esprit divin. Ce que vous créez doit traduire votre lumière intérieure et être partagé en toute liberté. Tous nos talents nous sont prêtés ; ils ne nous appartiennent pas, cependant il nous appartient d'en faire bénéficier les autres.

Vous êtes un chef né, mais vous devez comprendre que les bons chefs gouvernent d'abord et avant tout leurs propres bas instincts. Vous êtes destiné à être fier, comme la créature brillante, joyeuse et radieuse que vous êtes — et pour cela, vous devez vous libérer du fort désir qu'a votre ego d'être reconnu, loué, respecté, admiré. Vous obtiendrez tout cela sans l'avoir recherché lorsque vous y accorderez moins d'importance qu'à ce que votre cœur sait d'instinct, c'est-à-dire que vous devez être fidèle envers vous-même et donner pour le plaisir de donner.

Créez pour la joie que cela apporte à autrui et non uniquement pour que l'on vous admire en raison de vos talents. En tant que chef, vous pouvez accomplir beaucoup dans le monde — mais pour vraiment gouverner, vous devez d'abord entrer en contact avec votre âme. Lion, tel est votre destin supérieur.

Vous êtes : généreux, créatif, chaleureux, impressionnant, puissant, joyeux, talentueux, clément.

Ce que vous pouvez apprendre de votre signe opposé : Le Verseau peut vous enseigner à ne pas céder à votre ego et à son désir de se faire remarquer, et choisir plutôt de tout simplement être un membre de l'humanité — un membre possédant, il est vrai, une noblesse naturelle. Laissez votre cœur rayonner, sans qu'il soit bridé par le besoin enfantin de votre ego de se faire remarquer. Le Verseau sait que nous avons tous le même poids ; en fin de compte, nul n'est plus important qu'un autre. Le fait d'en prendre conscience pourrait vous être bénéfique. Vous avez un grand cœur, et c'est précieux pour les autres, mais il doit être pur. Le Verseau peut vous enseigner à vous tourner vers l'avenir, à suivre le courant actuel qui nous mène tous vers une existence moins axée sur l'ego, plus guidée par le cœur.

Quelques-uns de vos symboles dans le monde matériel : le Soleil, la royauté, les sports de performance, le théâtre, les costumes flamboyants, les tournesols, les soucis (la fleur), le miel, le safran, le cœur et la colonne vertébrale, l'or, les rubis, les félins, les palmiers, les agrumes, les couleurs or, orange et jaune or. L'Italie, la Roumanie, la République tchèque et l'Iraq sont des pays Lion ; Rome, Philadelphie, Los Angeles, Bombay et Chicago sont des villes Lion.

Pour le bien de votre corps et de votre esprit, vous devez : utiliser les rayons du Soleil pour recharger vos batteries ; prendre des bains de soleil ; vous promener sur la plage ; assouplir et renforcer votre colonne vertébrale par l'exercice physique, les sports et le yoga ; rire ; vous amuser avec vos enfants ; créer ; être romantique ; organiser et coordonner des activités sociales.

Votre âme a besoin que vous : vous libériez de votre attachement aux exigences de votre ego et ayez foi en votre propre pouvoir. Votre voie est celle de celui qui dirige avec son cœur, et vous êtes appelé à croître sur le plan de l'esprit. En renonçant au désir d'être loué et reconnu, vous déboutez votre ego et maîtrisez mieux vos pensées et vos émotions. Réjouissez-vous de savoir que votre créativité, votre perspicacité et votre joie vous conduiront à votre Moi supérieur. Vous avez reçu le don de goûter au plaisir de vous extérioriser sur le plan matériel, et c'est un don qui devrait vous remplir de gratitude. Exprimez régulièrement votre reconnaissance et employez le cœur ouvert et l'esprit généreux dont vous avez été gratifié pour aider les autres à vivre plus pleinement. Vos œuvres leur ouvriront le cœur et, en retour, votre propre existence deviendra plus pleine, plus riche de sens. C'est ce qui vous est promis, c'est ce que vous pouvez accomplir.

Vierge

Votre destin supérieur consiste à comprendre clairement quelle est la nature de la matière, sa source – l'esprit – et où vous vous situez dans tout ceci. La matière et l'esprit sont une seule et même chose ; seul leur degré de densité les différencie, la matière étant plus dense. Par conséquent, le corps physique et le corps spirituel ne sont que deux aspects d'un même tout. Votre destin consiste à honorer humblement les deux.

Vous devez mettre les pouvoirs de discernement qui vous ont été donnés au service de l'humanité. Jusqu'à ce que vous ayez compris que vous et les autres faites partie d'un seul tout, votre regard sélectif risque de commettre l'erreur de croire que vous êtes séparé – que vous êtes ici pour réparer les choses, les rendre plus parfaites, car les autres en sont incapables. Votre nervosité est issue du malaise qu'engendre cette façon erronée de voir la vie – de même que votre tendance à critiquer. Vous n'êtes pas ici pour rendre les choses plus parfaites, ni pour obliger les autres à obéir à vos commandements, mais pour donner pour le seul plaisir de donner.

Servir est la voie par laquelle vous accomplirez votre destin supérieur, et bien que cela ne ressemble guère à la vie brillante que vous imaginiez être la vôtre, c'est en fait la voie qui vous convient. Si vous vous en détournez, vous ne respecterez pas les visées de votre âme.

L'ego pourrait vous convaincre que vous méritez par droit divin une vie plus parfaite, et vous pousser à faire fi d'autrui pour y arriver. Votre défi consiste à imposer le silence à cette cacophonie mentale et à accepter que votre rôle véritable soit, d'abord et avant tout, de vous mettre au service d'autrui.

Vous êtes gouverné sur le plan ésotérique par la Lune et, à l'instar du signe du Cancer qui est placé sous la gouverne de la Lune, votre rôle consiste à prendre soin et à nourrir. À force d'utiliser votre capacité à soulager, à calmer et à guérir, vous découvrirez ce qu'est la véritable humilité, votre destin supérieur. La paix du cœur et de l'esprit se trouve à votre portée, juste de l'autre côté de votre quête angoissée de la perfection. Elle vous attend, dans le silence du respect et de la compassion infinis envers autrui, et dans le dévouement altruiste. C'est votre vocation et la voie vers la liberté.

Vous êtes : méticuleux, pointilleux, pragmatique, appliqué, perfectionniste, analytique, modeste.

Ce que vous pouvez apprendre de votre signe opposé : Le Poissons peut vous enseigner à avoir une vue d'ensemble. Vous vous perdrez dans les détails, et cela affecte votre système nerveux. Détendez-vous, lâchez prise et laissez-vous porter par le courant comme le fait le Poissons. Efforcez-vous de voir les conséquences de vos actes sur autrui. Nous sommes tous les tisserands d'une seule et unique toile. Le Poissons sait d'instinct que la vie est universelle. Apprenez du Poissons à vous ouvrir au moment présent et à relâcher votre prise sur la vie; renoncez au besoin de contrôler, renoncez à la peur, et soyez sûr que la nature, dans sa bonté, veillera sur vous. Consacrez-vous généreusement à aider et à soutenir les autres.

Quelques-uns de vos symboles dans le monde matériel : la planète Mercure, les motifs détaillés, le mentorat, l'hygiène, l'artisanat de qualité, les petites fleurs (boutons d'or, myosotis), les légumes racines, l'estomac et les intestins, le mercure et le nickel, la sardonyx (une agate blanche et orangée), la diète, le massage, et les couleurs marine et vert. Le Brésil, la Turquie et la Grèce sont des pays Vierge ; Paris et Athènes sont des villes Vierge.

Pour le bien de votre corps et de votre esprit, vous devez : jardiner ; planter ; laisser la terre absorber votre énergie nerveuse ; passer du temps à la campagne ; caresser votre chat ; faire de l'artisanat ; vous occuper des enfants, des animaux, des malades et des personnes démunies ; distribuer votre énergie avec altruisme ; vous asseoir, le corps et l'esprit calmes et immobiles, et méditer ; nourrir votre corps d'aliments naturels et apaiser votre esprit en pratiquant des exercices légers.

Votre âme a besoin que vous : compreniez que vous êtes ici-bas pour ajouter à la qualité de l'Univers en vous mettant au service d'autrui. Vous avez le don inné de prendre soin des autres, de vous relier à eux, et votre désir de vous créer une existence plus parfaite risque de vous en détourner. Il vous arrive parfois de ne voir que les lacunes de la vie, et cela vous semble trop lourd. Vous devez voir le tout, et non les trous. Tel est le défi que vous devez relever, et vous avez reçu le don de discerner les lieux, les gens et les situations ayant le plus besoin de votre altruisme. Vous devez d'abord terrasser le dragon de l'égoïsme dans votre cœur. Le fait que vous vous préoccupiez de votre personne vient de votre perception de l'imperfection et, le motif a beau être pur, il ne vous apporte aucun bien et ne contribue pas à celui de l'Univers. Acceptez le fait que le monde est imparfait, comme nous tous — et que votre quête consiste à distribuer vos dons où vous le pouvez. Ce faisant, vous recevrez plus que si vous empruntiez n'importe quelle autre voie. C'est ce qui vous est promis, c'est ce que vous pouvez accomplir.

Balance

Votre destin supérieur consiste à découvrir comment entretenir des relations humaines harmonieuses en trouvant le point d'équilibre entre les polarités de l'existence. Le juste milieu est la clé de cette paix dont votre âme a soif : l'équilibre parfait par la tolérance au paradoxe. Ironiquement, pour atteindre pareille tolérance, il vous faudra apprendre à décider.

Vous êtes gouverné sur le plan ésotérique par Uranus — la planète de l'esprit supérieurement évolué. Vous avez la faculté d'accéder à un degré supérieur d'intuition et de vous servir de celle-ci pour faire le bon choix, celui qui sert le mieux vos intérêts les plus élevés. Cette tendance que vous avez à ne pas prendre position, car vous voyez les « deux côtés » et détestez l'idée d'avoir à choisir l'un plutôt que l'autre, se transformera à mesure que vous évoluerez sous la conduite d'une puissante perspicacité spirituelle. Ayez foi en cette connexion dont vous bénéficiez.

Quand l'équilibre est parfait, rien ne se produit. Nous sommes ici-bas pour *agir* dans la vie physique, ce qui signifie que nous devons nous résoudre à passer aux actes. Comme il n'y a pas de mauvaises décisions, vous ne devez pas craindre d'en prendre une. Ayez plutôt confiance dans cette voix qui vous guide et dont le savoir est supérieur au vôtre, et ainsi le fait même de décider raffermira votre caractère et apportera de la stabilité à votre vie — mieux que votre indécision ne saurait le faire.

Le secret d'une bonne relation consiste à mettre de côté ses intérêts personnels et à demander à l'Univers quelle est, dans le cas présent, la décision qui doit être prise. Cherchez la réponse à l'intérieur de vous, elle s'y trouvera toujours. Mais d'abord, faites taire la voix de votre ego — la voix qui tente de vous convaincre que vous devez tout avoir et que cela vous sera impossible si vous vous engagez dans une direction. Pour accomplir votre destin supérieur, vous devez vous engager. Lorsque vous le ferez, cela vous apportera (paradoxalement) de la force et de la certitude, car vous avez le sens inné de la justice. En vous fiant à votre savoir intérieur, vous gagnerez sur tous les plans. Et, de cette façon, vous attirerez vers vous ceux qui ont besoin que vous les guidiez, les éclairiez. Vous deviendrez alors un médiateur et un ambassadeur du cœur, et à ce titre, on vous respectera.

Vous êtes : charmant, accommodant, diplomate, indécis, charmeur, pacifique.

Ce que vous pouvez apprendre de votre signe opposé : le Bélier peut vous enseigner à être plus sûr de vous, à profiter du moment présent et à agir. Vous perdez si souvent votre temps et votre énergie à tergiverser, à éviter de choisir. Prenez exemple sur le Bélier et apprenez à agir en votre propre nom. Vous découvrirez que lorsque vous vous comportez ainsi, les événements se déroulent comme par miracle et que les choses commencent à bouger dans votre vie — au lieu d'être figées dans un état d'homéostasie. Le Bélier est courageux, et c'est une qualité que vous pouvez emprunter à votre signe opposé. Quand on sait que la mort nous attend, que peut-il y avoir de si terrifiant ? Ne craignez ni les jugements ni les opinions d'autrui. Défendez vos idées avec force et fermeté, et montrez-vous décidé dans vos actes. L'énergie du Bélier fera grandement progresser votre vie.

Quelques-uns de vos symboles dans le monde matériel : la planète Vénus, les balance, les diplomates, la méditation, les relations, les reins, les roses, les fleurs bleues, les framboises, les fraises, les pommes, les poires, le jade, le saphir, les reptiles et les couleurs rose, bleu et vert clair. L'Autriche, le Canada, le Tibet, le Japon et l'Argentine sont des pays Balance ; Copenhague, Francfort et Vienne sont des villes Balance.

Pour le bien de votre corps et de votre esprit, vous devez : faire circuler l'air dans vos poumons en étant actif et en pratiquant des exercices physiques ; faire chaque jour un choix positif et spontané ; apprendre à dire non ; vous créer un environnement paisible, harmonieux, ordonné, et en faire votre refuge ; laisser votre travail au bureau et vous créer un foyer qui soit votre sanctuaire. Vous avez besoin de tranquillité intérieure et d'équilibre entre l'action et l'inaction.

Votre âme a besoin que vous : instauriez de la sérénité et de l'harmonie autant sur le plan extérieur qu'intérieur. En acceptant la possibilité que vous puissiez faire activement des choix et en assumer les conséquences, vous raffermirez votre caractère, ce qui, plutôt étrangement, vous procurera une grande paix intérieure. La paix est ce que votre âme désire le plus. Les gens qui réussissent le mieux sur le plan matériel sont ceux qui prennent rapidement des décisions. Ceux qui jouissent d'une paix intérieure prennent eux aussi fermement des décisions. Il est impossible que la vie soit toujours dépourvue de conflits et de mésententes, et vous devez vous montrer plus actif au moment de prendre des décisions afin de vous épargner la cacophonie intérieure que crée votre indécision. La vie n'est pas un concours de popularité, et nous sommes tous tenus de faire des choix – ces choix traduisent qui nous sommes, quelles sont nos valeurs, ce que nous défendons et ce que nous n'endossons pas. N'oubliez pas : lorsque l'équilibre est parfait, rien ne se produit. Pour saisir la nature des relations, ce point d'équilibre entre les polarités, vous devez vous fier à votre intuition, à votre Moi supérieur, et découvrir où vous vous situez, exprimer vos opinions afin de vous connaître vous-même. C'est en fin de compte la raison pour laquelle vous devez choisir – choisir définit qui vous êtes en réalité, tant à vos yeux qu'à ceux d'autrui. C'est ce qui vous est promis, c'est ce que vous pouvez accomplir.

Scorpion

Votre destin supérieur consiste, en amenant l'inconscient au niveau du conscient, à transformer les désirs de votre nature inférieure pour qu'ils concordent avec les visées de votre âme. Votre voie est une voie difficile sous plusieurs aspects, mais elle est riche en récompenses. Lorsque vous arrivez à vaincre vos propres démons, vous possédez la capacité de guérir et de transformer les autres. Cette mission, si vous choisissez de l'accepter, vous donnera accès au pouvoir central de l'Univers, et votre propre pouvoir en sera grandement accru.

Pour vous, cette vie-ci consiste à raffiner votre âme, à vous défaire des scories du karma sombre et des anciennes blessures du passé. Comme le karma exerce un pouvoir d'attraction, il se peut que vous soyez attiré par les éléments sombres de la vie, et c'est là votre plus grand défi.

Étant gouverné sur le plan ésotérique par Mars, vous possédez une énergie individuelle intense, et vous pouvez l'employer pour vous tailler une voie plus élevée. Pour vous, il s'agit de résister à l'attrait de certaines personnes. Les gens dont vous choisissez de vous entourer sont essentiels. Certains ayant une personnalité plus forte que la vôtre risquent de vous entraîner du côté sombre. Vous devez déterminer quelle sera votre propre voie, fixer vos propres buts.

Sachez que vous êtes doté d'une nature profonde et extrêmement sensible — et que c'est en fait une bénédiction. Vous êtes ici-bas pour explorer les profondeurs, afin d'aider les autres à comprendre le monde de l'invisible et à être transformés par ce savoir. Employez votre énergie à remonter jusqu'à la source et à voir ce qui motive réellement les gens, et utilisez votre conscience émotionnelle pour vous forger une carrière et une vie qui soutiennent votre propre bien-être émotif et celui de votre entourage. Tel est votre destin supérieur.

Vous êtes : passionné, déterminé, émotif, puissant, obsessif, secret.

Ce que vous pouvez apprendre de votre signe opposé : Le Taureau peut vous enseigner à vous ancrer dans l'ici et maintenant, dans le monde simple des réalités matérielles, tangibles. Il arrive parfois que votre façon de sonder et de percer les motifs et les intentions cachés d'autrui devienne trop accablante. Prenez exemple sur le Taureau et occupez-vous régulièrement des réalités matérielles. Prélassez-vous dans la nature et jouissez simplement du corps ; oubliez l'esprit et ses secrets. Réservez-vous du temps pour être, tout bonnement, sans vous soucier de quoi que ce soit d'autre que du précieux instant présent. Cela vous ramènera sur terre.

Quelques-uns de vos symboles dans le monde matériel : la planète Pluton, la recherche, les créatures nocturnes, l'espionnage, la naissance, la mort, le système reproducteur, la chirurgie, la plomberie, les opales, l'acier, les scorpion, les insectes, les rhododendrons, les géraniums, les fleurs d'un rouge profond, les couleurs rouge foncé, marron, noir et le rayé noir et blanc. Le Maroc, la Norvège et la Syrie sont des pays Scorpion ; la Nouvelle-Orléans, Washington (D.C.), Wellington et Valence sont des villes Scorpion.

Pour le bien de votre corps et de votre esprit, vous devez : avoir recours au pouvoir thérapeutique de l'eau – nager, prendre des bains, vous promener au bord de l'océan, des rivières et des lacs ; méditer quand vous vous sentez mal ; découvrir et respecter le travail interne du corps ; avoir confiance en votre don de guérisseur et l'employer à améliorer la vie d'autrui ; transformer vos émotions en actes de guérison. Buvez de l'eau et non du vin pour apaiser votre esprit quand la souffrance de l'existence vous accable.

Votre âme a besoin que vous : fassiez de votre quête une quête de l'âme et non pas uniquement du corps. Vous devez d'abord faire vos devoirs pour parvenir à la guérison du corps et de l'esprit. Allez explorer de sombres lieux et revenez-en non pas défait, mais fortifié par ce que vous y avez vu et ressenti. Votre voyage, du moins pour une bonne part de votre vie, se déroulera dans les profondeurs, dans l'océan psychologique de l'inconscient, et le but en est d'anéantir votre propre noirceur, de guérir vos blessures et de retrouver votre intégrité. D'en ressortir entier. En comprenant vos propres désirs, vous devenez le guérisseur que vous êtes destiné à être. Votre vie est un modèle de guérison. Le fait que vous choisissiez de mener une vie libre, de ne pas adhérer à la culture dominante axée sur la peur, d'emprunter une voie différente – tout ceci aide les autres à guérir. À travers vous, ils découvrent que nous avons tous le pouvoir de choisir quelle sera notre vie. L'intensité de vos émotions et de vos sentiments est destinée à vous donner du pouvoir – pourvu que vous l'utilisiez correctement. Vous marchez peut-être sur une corde raide, mais votre destin consiste à emprunter cette voie et à devenir encore plus l'individu puissant que vous êtes. C'est ce qui vous est promis, c'est ce que vous pouvez accomplir.

Sagittaire

Votre destin supérieur consiste à faire de votre vie une quête spirituelle englobant autant les autres que vous-même. Vous possédez une grande largeur de vue ; votre vie est comme un tableau brossé à grands coups de pinceau sur une vaste toile. Votre voyage vous a conduit loin, et maintenant, dans cette vie-ci, votre mission consiste à vous créer une existence dont le but soit davantage spirituel, en faisant en sorte que vos expériences aient un sens.

Le Sagittaire dont l'esprit est plus évolué poursuit des buts transcendant son intérêt personnel et incluant un compagnon de voyage. Votre exubérance doit trouver un but, sinon votre quête de sens sera vaine et solitaire. La vie doit être une expérience vécue ; et le savoir, voire la sagesse, qui ne s'appuie pas sur l'expérience est vide.

Mais la quête de sens n'est pas une fin en soi. Vous devez appliquer votre vision à un but valable. Et *valable* signifie un but qui tienne compte du mieux-être d'autrui. Dépensez-vous dans un but précis. Employez votre sagesse à instruire autrui — faites-lui part des idées, des croyances et des vérités que vous avez découvertes. Employer tout ceci à des fins égoïstes, servant l'ego, est indigne des dons que vous avez reçus.

Comme l'exprime la chanson, dire que l'on est libre n'est qu'une autre façon de dire que l'on n'a plus rien à perdre. La liberté est la force qui propulse votre quête d'idéal. Votre besoin d'être libre, d'explorer, d'apprendre, de voyager et d'élargir vos horizons en tous sens doit avoir un but plus altruiste qu'égocentrique, sinon vous pourriez vous retrouver n'ayant plus rien à perdre. Le danger qui vous guette est qu'à force de vouloir être libre et d'en avoir plus, vous risquiez de perdre les gens et les choses qui vous importent le plus. Vous devez accorder la priorité au cœur et aux liens que vous entretenez avec autrui, et cela doit faire partie de votre quête d'idéal, du but que vous visez. Si vous traitez les autres avec désinvolture, vous pourriez découvrir que la liberté est un lieu bien solitaire.

Vous aurez certes appris beaucoup en cours de route. Vous serez peut-être sage et savant, mais le cœur vous fera mal tellement vous serez privé des plaisirs simples qu'apportent l'intimité et les liens avec des êtres chers, nos compagnons de voyage. La voie qui est la vôtre n'est pas destinée à être étroite, mais sociable. Vous possédez la sagesse et la détermination requises pour aller loin dans cette vie, pour évoluer à grands pas en comprenant le sens de la vie. Mais sachez que tout ce que vous faites affecte ceux qui se trouvent dans votre cercle et au-delà. Traitez leur âme avec le plus grand soin, et vous atteindrez le statut de gourou — si vous le souhaitez. C'est ce qui vous est promis, c'est ce que vous pouvez accomplir.

Vous êtes : épris de liberté, optimiste, enthousiaste, généreux, honnête, philosophe.

Ce que vous pouvez apprendre de votre signe opposé : Le Gémeaux peut vous enseigner à vous lier à autrui, à créer des liens, à jeter des ponts entre les gens. Le parcours de l'aventurier est solitaire si les relations ne sont pas respectées. Le Gémeaux peut également vous enseigner à voyager léger, à couvrir plus de terrain en renonçant au besoin de juger et de moraliser. Chacun poursuit son propre chemin, et il est futile de juger les gens en fonction de l'endroit où ils sont rendus. Lorsque votre quête de sens menace de vous faire dérailler, imitez le Gémeaux et demeurez à la surface : discutez avec les gens, apprenez quelque chose de nouveau, lisez un roman. La superficialité a sa place, et le Gémeaux peut vous en montrer la valeur.

Quelques-uns de vos symboles dans le monde matériel : la planète Jupiter, le tir à l'arc, les voyages à l'étranger, l'horizon, la philosophie, l'instruction supérieure, les universités, les chevaux, le cerf, la topaze, les myrtilles, la cannelle, l'ail, les œillets, les fleurs roses, les hanches, les cuisses, le foie et les couleurs violet et bleu foncé. L'Espagne, l'Australie et l'Afrique du Sud sont des pays Sagittaire ; Toronto, Tolède (en Espagne) et Avignon sont des villes Sagittaire.

Pour le bien de votre corps et de votre esprit, vous devez : explorer le monde ; apprendre ; enseigner ; voyager ; être aventureux ; faire de l'équitation, du kayak, du parachutisme et du surf ; camper dans la nature sauvage ; transmettre votre vision sage de la vie à vos enfants et à autrui ; manger modérément et de façon équilibrée ; mettre en pratique ce que vous prêchez, et prêcher moins.

Capricorne

Votre destin supérieur consiste à vous libérer de votre attachement aux formes matérielles et au contrôle en progressant vers l'intégrité. Être intègre, c'est être entier — corps, esprit et cœur unis. Vous pouvez vous montrer trop autoritaire et contrôlant, particulièrement avec vos proches. Le sentiment de devoir contrôler ce qui vous entoure vient de la peur. Votre mission est de renoncer à ces peurs qui tournent autour du chaos, de l'obscurité, de la pauvreté et de la survie, et d'apprendre à être confiant.

Vous êtes gouverné par Saturne, symbole de structures et de contrôles, nécessaires dans le monde des formes. Toutefois, Saturne est aussi associé à l'anxiété ayant pour objets la survie et la protection de vos « formes » dans le monde matériel. C'est que votre ego confond la pureté et le but des formes. Le défi est grand — faire taire l'ego et tendre l'oreille à l'âme — ,et il est possible que vous le releviez mieux au cours de la seconde moitié de votre existence.

Au cours de la première partie de votre existence, vous vous emploierez à consolider ces structures, à assouvir vos ambitions et à réussir dans le monde. Plus tard, lorsque vous réfléchirez sur vos relations et sur ce qui vous pousse à réfléchir, vous finirez par comprendre qu'une bonne part de ce que vous estimiez essentiel à votre survie n'était en réalité pas nécessaire du tout. Tout dans le monde des formes est éphémère. Et la seule véritable sécurité est celle que l'on trouve à l'intérieur de soi. C'est à cette vérité que vous conduit votre périple. L'amour est la force thérapeutique qui démantèlera les barrières que vous érigez entre vous et les autres. Ne le découvrez pas trop tard. Certes, le fait d'accomplir des choses dans le monde peut être spirituel, si vous employez vos dons à bon escient. Mais cela s'oppose à l'esprit lorsque c'est votre seule motivation et que votre succès vous importe plus que les gens qui vous entourent. Ce n'est jamais bien de piétiner les autres pour grimper au sommet, pas pour l'âme du Capricorne, car votre voyage doit vous conduire à l'intégrité.

Utiliser vos dons indéniables, votre détermination et votre résilience pour surmonter les obstacles, faire preuve de discipline et de retenue, découvrir la valeur de la patience, tout en accomplissant ce qui doit être fait pour réaliser votre grande œuvre : tels sont les outils dont vous avez été doté pour effectuer votre voyage. Sur le plan personnel, c'est la voie qui vous convient, mais ajouter à tout ceci la conscience propre à un esprit supérieur du lien unissant votre cœur aux autres, et leur tendre une main charitable, est plus profitable sur le plan karmique. Accomplir, à la fois pour votre bien et celui des autres — et découvrir ainsi la vraie signification du succès —, tel est votre destin supérieur.

Vous êtes : pragmatique, discipliné, ambitieux, patient, prudent, déterminé, plein d'humour.

Ce que vous pouvez apprendre de votre signe opposé : Le Cancer peut vous enseigner à attendrir votre cœur, à ressentir vos sentiments et à en tenir compte, et à agir davantage depuis le vaste espace de votre cœur grand ouvert. Il vous faut tempérer de sensibilité – envers vous-même et envers autrui – votre détermination à réussir, à atteindre le sommet. N'accordez pas autant de pouvoir au bourreau de travail qui sommeille en vous. Faites taire le super ego et accordez la préséance à la gentillesse. Personne ne vous juge hormis vous-même. Il est noble de vouloir réussir, mais tenez toujours compte du prix qu'il faut payer jour après jour. Vous avez besoin d'être plus consciemment égoïste et tendre, à l'instar du Cancer. Soyez plus gentil à votre égard et plus doux envers ceux que vous aimez.

Quelques-uns de vos symboles dans le monde matériel : la planète Saturne, le plomb, le squelette, la peau, les os, les dents, les genoux, le temps réel, la loi, les institutions de pouvoir et d'autorité, les améthystes, les pensées, les pins et les peupliers, la consoude, les couleurs sombres, gris, noir et brun. L'Inde, le Mexique et l'Afghanistan sont des pays Capricorne ; Oxford, Delhi et Mexico sont des villes Capricorne.

Pour le bien de votre corps et de votre esprit, vous devez : marcher, faire de l'escalade et des randonnées, vous promener dehors, vous étendre sur le sol, contempler le ciel et réfléchir au mouvement de la planète dans l'espace – et à votre présence sur elle –, mettre de côté votre répugnance à vous engager envers autrui et, les yeux dans les yeux, laisser parler votre cœur.

Votre âme a besoin que vous : vous rappeliez qu'être au sommet est certes valable, mais que ce l'est encore plus lorsque vous pouvez compter sur l'amour, l'admiration et le respect de ces proches qui vous sont chers. Votre âme besoin que vous teniez compte de sa présence pendant que vous vous taillez une place dans le monde. Vous êtes enclin à négliger les besoins de votre âme dans votre détermination ambitieuse à réussir, et vous vous demandez ensuite pourquoi vous êtes devenu un loup solitaire. Entretenez vos relations avec les autres en soignant vos aptitudes interpersonnelles. Elles sont tout aussi importantes que vos compétences professionnelles. Tous les actes que nous posons dans cette vie nous sont rendus un jour ou l'autre, dans un lieu ou dans un autre – c'est une loi de la nature. Lorsque nous enfreignons les lois des hommes, nous sommes punis. De même, lorsque nous enfreignons les lois de l'Univers, nous en subissons les conséquences sous forme de karma, et nous en souffrons. Votre âme vous presse de relever le défi de respecter la loi de l'Univers aussi spontanément que vous respecter les lois de l'homme. Ce qui signifie comprendre le sens profond de l'expression « on récolte ce que l'on sème ». Ne soyez pas avare de votre temps, de vos talents et surtout de tout l'amour que vous tenez enfermé dans votre cœur, et vous recevrez autant. C'est ce qui vous est promis, c'est ce que vous pouvez accomplir.

Verseau

Votre destin supérieur consiste à distribuer votre amour et votre sagesse à l'humanité, et à employer vos dons à faire évoluer la société. Vous êtes enclin à vous distancer des autres parce que vous vous sentez en quelque sorte « différent ». Ne laissez pas votre prédisposition naturelle au détachement vous empêcher de partager vos dons, qui sont cruellement nécessaires en ces temps gouvernés par l'ego.

Vous possédez une compréhension intuitive du sens profond de la condition humaine et une sympathie inconditionnelle pour tous les individus, de tous milieux. Quand vous aidez les autres, votre aptitude à vous détacher de votre ego est des plus utiles. Les émotions moindres, telles la jalousie et la cupidité, ne font pas partie du profil du Verseau supérieurement évolué. Vous êtes doté d'une volonté innée de partager le pouvoir ; votre ego n'exige pas d'être applaudi et admiré. Vous aidez, car vous savez que nous sommes tous dans la même galère, et vous ferez votre possible.

Un Verseau moins évolué peut être enclin à se servir de son détachement pour éviter de s'engager sur le plan interpersonnel — ce qui rend ses dons inaccessibles. Ce porteur d'eau égoïste commet une erreur ou, plus précisément, il est inconscient. Ce n'est pas la raison pour laquelle vous êtes ici-bas. Vous êtes ici pour utiliser votre conscience visionnaire pour le bien de tous. Votre mission est de rendre les autres conscients d'eux-mêmes en utilisant l'énergie d'Uranus, la planète de l'éveil. Un grand bouleversement actuellement se produit sur le plan de la conscience, et vous faites partie de l'avant-garde de ceux qui contribuent à l'essor de la nouvelle énergie. Nous considérons le monde d'un œil différent maintenant que nous commençons à comprendre l'Esprit de Dieu. Verseau, votre destin supérieur consiste à ouvrir les yeux et les cœurs au sens véritable de notre humanité. Nous sommes des êtres spirituels vivant une expérience humaine, et c'est la compréhension de ce fait qui cause le bouleversement. L'esprit reconnaît notre lien, le champ de conscience dans lequel nous existons. Être humain n'a plus rien à voir avec la séparation, mais tout à voir avec le fait que nous faisons partie d'un tout unique. Amener les autres à le comprendre est votre destin supérieur. C'est ce qui vous est promis, c'est ce que vous pouvez accomplir.

Vous êtes : humain, amical, détaché, honnête, loyal, original, inventif, grégaire, peu orthodoxe.

Ce que vous pouvez apprendre de votre signe opposé : Le Lion peut vous enseigner à plus croire en vous, à prendre conscience de ce que vous avez à offrir, à être fier et à reconnaître que vous possédez une grande valeur en tant que membre de la collectivité et en tant qu'individu. Imitez le Lion et attendez-vous à être validé. Cessez de vous excuser d'être qui vous êtes et d'avoir le sentiment d'être étrange parce que vous ne correspondez pas à la norme. Réjouissez-vous d'avoir la capacité de voir au-delà de la zone de sécurité du statu quo.

Quelques-uns de vos symboles dans le monde matériel : la planète Uranus, les ondes, la technologie, l'électricité, les oiseaux migrateurs, l'aluminium, le kiwi, le citron vert, les arbres fruitiers, les tibias, les mollets, les chevilles, le système circulatoire, l'astrologie et les couleurs bleu électrique et bleu turquoise. La Russie, la Suède, l'Iran et la Nouvelle-Zélande sont des pays Verseau ; Moscou et Hambourg sont des villes Verseau.

Pour le bien de votre corps et de votre esprit, vous devez : sortir de votre coquille et vous relier à autrui, partager le pouvoir, communiquer, marcher et courir dans le vent, vous libérer des contraintes du neuf à cinq, trouver votre singularité dans le travail, éveiller autrui à la vérité, aider les autres à guérir par le pouvoir de vos paroles et de votre intuition, immobiliser votre esprit par la méditation, dormir plus, penser moins.

Votre âme a besoin que vous : compreniez que vous devez employer les dons que vous avez reçus pour le bien de la collectivité. Votre mission est une mission humanitaire, et vous devez surmonter votre résistance à aider les autres. Ne vous retirez pas sous prétexte que vous vous sentez incompris. C'est peut-être le cas, mais uniquement parce que vous êtes en avance sur votre temps — et cela n'a pas d'importance. Vous avez pour responsabilité d'éclairer les autres et de les éveiller à la nouvelle énergie, et non de vous retenir par crainte qu'on vous croie étrange. Votre mission est une mission mettant en jeu l'âme et elle l'a toujours été, et vous pourriez la négliger uniquement parce que vous avez peur. La peur a pour effet de vous garder sur le droit chemin, le chemin conventionnel, mais ce n'est pas celui que vous devez emprunter. Embrassez votre singularité : célébrez-la et partagez-la avec le plus grand nombre de gens possible. La roue de l'engrenage compte assez de dents – vous n'êtes pas tenu d'en être une de plus. Repoussez la peur qui vous inciterait à jouer un rôle moindre que celui que vous êtes appelé à jouer. Cessez de vous inquiéter de votre sécurité et de votre survie. On ne vous a pas donné un lien direct avec l'esprit supérieur pour rien. Servez-vous-en, exprimez-vous, tendez la main, soyez celui que votre cœur sait que vous êtes. Votre esprit est brillant, et les mots sont vos outils. Transmettez les messages que le monde est désormais prêt à entendre. C'est ce qui vous est promis, c'est ce que vous pouvez accomplir.

Poissons

Votre destin supérieur consiste à vous détacher du passé et à vous abandonner à l'amour. Un amour non pas motivé par le désir, le besoin ou l'insécurité, mais un amour supérieur. Un amour sans limites, un amour transcendant.

Votre périple est essentiellement un voyage jusqu'à votre propre cœur. Là, vous découvrirez les lacunes de l'amour humain ; et par un mécanisme qui détruit vos propres faiblesses, vous êtes destiné à créer — dans cette vie, si vous le voulez — un amour pur et inconditionnel. C'est l'amour dont ont fait preuve les grands maîtres Bouddha et Jésus. Un amour qui voit au-delà des différences, au-delà des déceptions, des blessures et des affronts infligés à l'ego ; un amour capable de dire « quoi que tu fasses, c'est bien ». Cet amour n'a pas de limites, et c'est votre mission de l'incarner. C'est la voie des grands maîtres — une voie trop exigeante pour plusieurs. Mais c'est le destin supérieur du Poissons évolué.

Vous devrez vous détacher du passé — c'est-à-dire des souvenirs et des schémas, des souffrances passées, des vieilles jérémiades et des vieux regrets. Ils n'ont pas leur place sur la voie de l'amour illimité. Ces faiblesses, ô combien trop humaines, sont des obstacles et constituent en elles-mêmes la source de douleurs et de souffrances inutiles.

Vous êtes gouverné sur le plan ésotérique par Pluton : Pluton, le dieu de la destruction et le grand transformateur. Le pouvoir de Pluton est à votre disposition, et le message est celui-ci : vous devez détruire les aspects de votre nature qui vous enchaînent aux fers de la souffrance terrestre. Libérez-vous des petits désirs égoïstes de l'ego voulant qu'on l'aime, le soutienne, prenne soin de lui, le respecte — et apprenez que seul l'esprit peut vous soutenir et que l'amour vous habite d'ores et déjà, car telle est votre vraie nature. Aimez-vous d'abord. Vous n'avez pas besoin des autres pour vous sentir aimé ; l'amour vous entoure de toutes parts. Lorsque vous deviendrez conscient de cette vérité, vous renoncerez à vos attentes et vous accepterez d'aller là où la vie vous conduit, vous vous abandonnerez à ceux que l'amour vous envoie — les aimant de tout cœur et inconditionnellement. C'est ce qui vous est promis, c'est ce que vous pouvez accomplir.

Vous êtes : sensible, imaginatif, compatissant, gentil, intuitif, créatif, enclin à fuir la réalité, rêveur.

Ce que vous pouvez apprendre de votre signe opposé : La Vierge peut vous enseigner à vous soucier des détails au lieu de continuellement fuir dans l'Au-delà illimité. Vous êtes ici-bas, sur la planète, et c'est ici que vous devez agir. La Vierge sait qu'il est important d'avoir l'esprit d'analyse. Vous vous laissez trop facilement emporter par l'abstraction ; appuyez-vous sur le côté terre-à-terre de la Vierge, et incorporez à votre imagination débordante une approche pragmatique, plus ordonnée. Il vous serait profitable d'essayer d'intégrer l'éthique du travail et la discipline de la Vierge à votre nature. Le point de rencontre de la Vierge et du

Poissons peut donner lieu à une profonde vérité — le mariage de l'autodiscipline et du perfectionnement à la conscience de l'infini, lieu de naissance de la créativité.

Quelques-uns de vos symboles dans le monde matériel : la planète Neptune, la poésie, la danse, les films, le maquillage, l'alcool, le poisson, les mammifères marins, les aigues-marines, les pierres de lune, les héliotropes (pierre), les nénuphars, les saules, les figues, les concombres, les pieds et les couleurs vert marin, bleu clair, mauve et violet. Le Portugal, la Scandinavie et la Méditerranée sont des endroits Poissons ; Jérusalem, Alexandrie et Séville sont des villes Poissons.

Pour le bien de votre corps et de votre esprit, vous devez : nager, prendre des bains, tremper dans l'eau — l'eau est votre élément, soyez donc dedans ou près d'elle et observez l'humeur changeante de l'océan. Promenez-vous sur le bord d'une rivière ou d'un lac, ou sous la pluie. Méditez régulièrement ; dansez ; faites des retraites ; érigez un autel dans votre demeure, un lieu de paix loin du monde ; allumez une bougie, faites l'amour à la lueur des bougies ; demeurez conscient ; aimez de tout votre cœur.

Votre âme a besoin que vous : renonciez à vos attentes et à vos anciens schémas, et que vous acceptiez d'aimer d'une façon nouvelle. La vieille programmation fondée sur la peur d'être seul, de ne pas survivre, n'est plus pertinente. Le monde est en train de changer, et ces anciennes méthodes de survie vous empêchent de créer ces liens supérieurs que vous avez la possibilité d'établir. Votre périple consiste à renoncer à l'ego, en étant conscient de celui-ci. L'ego nous maintient dans un état de séparation et de peur. Lorsque vous aurez détruit les peurs engendrées par l'ego, vous deviendrez capable d'aimer davantage et plus librement. Il faudra peut-être pour cela galvaniser votre attitude passive et prendre position, vous retirer de situations qui sont dommageables pour votre âme sensible, ériger des limites et croire que quelque chose de mieux vous attend. Les restrictions et la douleur qui entourent l'amour ont toujours trait à l'ego ; l'ego ferme le cœur, et votre mission consiste à ouvrir le cœur. Renoncer peut sembler être un sacrifice — c'est relié, mais à une octave supérieure. Le sacrifice implique la perte de quelque chose. Par le renoncement, vous vous défaites uniquement de schémas qui ne vous sont pas utiles, vous attirez à vous tout le bien que l'Univers vous offre. Vous empêchez souvent ce dont vous avez besoin de venir à vous, car vous ne voulez pas laisser tomber ce que vous avez en mains. Votre défi consiste à vous dégager, à lâcher prise, à aimer de tout cœur. Il vous faut pour cela croire que la vie obéit à un plan, vous déplacer vers un espace plus net, abandonner les attentes qui vous emprisonnent. Devenir plus conscient, plus aimant — c'est la mission de tous les signes, mais pour vous, Poissons, c'est l'ultime destin supérieur, c'est ce qui vous est promis, c'est ce que vous pouvez accomplir.

5

Libérer le Moi

Ce qui fait la vraie valeur d'un être humain, c'est de s'être délivré de son petit Moi.
— Albert Einstein

Selon la sagesse ésotérique, nous faisons le tour du zodiaque, vie après vie. Chaque fois que nous nous réincarnons, nous endossons le signe suivant celui dont nous venons de faire l'expérience. Ainsi, notre apprentissage suit la logique des visées évolutionnaires.

Nous commençons par le Bélier, qui cherche à protéger notre corps et à s'en servir pour explorer le monde. Le Moi occupe une place primordiale chez le signe solaire du Bélier et constitue sa première préoccupation. Notre développement spirituel se poursuit, et il correspond au développement physique et émotionnel de chaque étape de l'existence : le jeune enfant (du Taureau au Cancer), l'adolescent (le Lion), le jeune adulte et l'adulte (de la Vierge au Scorpion), l'âge mûr (le Sagittaire) et l'automne de la vie (Capricorne et Verseau) – et finalement, la reddition du corps durant la phase du Poissons.

Sur le plan de l'âme, nous assimilons ce que nous pouvons apprendre d'un signe, puis nous poursuivons cet apprentissage en passant aux suivants au cours de nos vies successives. Le signe solaire qui est le nôtre actuellement est donc celui qui nous convient parfaitement. L'Infini nous invite à apprendre les leçons propres au signe en question.

Nous devons nous poser la question : apprenons-nous ces leçons ? Sommes-nous en train de nous libérer de notre Moi inférieur et de progresser vers de plus hauts sommets ? Sommes-nous la manifestation positive des principes de notre signe, vivons-nous une existence axée sur l'intégrité et le tout ?

Nous avons été dotés de tout ce dont nous avons besoin dans cette vie pour y parvenir. À la condition que nous soyons éveillés. Par exemple, si nous devons composer avec un Soleil en Gémeaux dans cette vie-ci, nous sommes naturellement enclins à « être Gémeaux » (l'appellation des signes est employée tant sous forme d'adjectif que de nom). Nous endossons le Gémeaux dans notre progression constante, soucieux d'apprendre et d'établir des liens. Pour les natifs des Gémeaux, la vie est toujours fascinante.

Mais cette capacité de s'émerveiller, qui est le sang même du Gémeaux, doit être nourrie. Sinon, le Gémeaux peut devenir cynique. Un Gémeaux « enlisé dans la routine » n'honore pas l'esprit de son signe. Vous connaissez peut-être des natifs du Gémeaux qui ont été brûlés par la vie, dont la confiance a été abîmée. Ils choisissent de rester dans leurs anciens schémas au lieu de courir le risque de se montrer de nouveau curieux. Ils sont aigris ; ils ne sont plus fascinés par la vie, ils ne s'émerveillent plus.

Pour être fidèle à soi-même, il faut honorer son signe solaire et être authentique, s'engager pleinement dans la vie. Il faut le faire durant cette vie-ci. Il n'y a pas que les enfants qui peuvent s'émerveiller. Ni être sans peur (Bélier), joyeux (Lion), créatifs (Taureau) ou compatissants (Poissons).

Nous avons reçu le don de la vie, et nous avons la responsabilité d'en faire bon usage. En faire bon usage, c'est être fidèle à l'esprit avec lequel nous sommes venus au monde. Il ne serait pas tout à fait exact d'affirmer que notre signe solaire est notre esprit — toutefois, notre signe solaire est l'énergie centrale, constituante, et la lumière qui aide notre esprit à trouver son expression dans le monde. Nous devenons davantage ce que nous sommes lorsque nous choisissons d'être l'incarnation vivante de notre signe solaire.

Il est enrichissant de considérer les signes de chaque côté du nôtre. Nous sommes souvent attirés par des natifs de ces deux signes. Cela nous permet de voir ce sur quoi nous avons « travaillé » le plus récemment, où nous en sommes rendus, et ce que nous aurons à apprendre la prochaine fois ; les gens dont les signes sont juxtaposés ont des affinités entre eux. Comme je l'ai mentionné tout au long de ce livre, chaque signe contrebalance et englobe le signe qui le précède. Les natifs du Poissons, le dernier signe, ne sont pas nécessairement plus évolués ou avancés que ceux du Bélier, car la roue n'a ni commencement ni fin — autant et aussi longtemps que nous sommes dessus. Mais ce que cela signifie, c'est que les natifs du Poissons sont plus conscients de l'unité et de la connexité de la vie, du lien qui unit tout, tandis que les natifs du Bélier sont plus conscients de la nécessité de voir à leurs propres intérêts et de survivre sur le plan physique. Chaque signe doit faire un apprentissage différent, se mettre au diapason d'une énergie différente. Et c'est voulu. Dans l'esprit de Dieu, les signes étaient une bonne idée. Le fait de progresser, vie après vie, dans chacun d'eux expose l'âme à tous les principes du monde matériel. Ils font tous partie du grand plan qui nous ramène à l'Infini.

Lorsque, au cours de notre évolution, nous atteignons le stade de l'individuation, nous sommes libérés du Moi. Notre signe astrologique atteint alors sa plus haute expression. Nous nous trouvons sur un plan supérieur. Nous acceptons le signe astrologique qui est le nôtre, quel qu'il soit, et les vicissitudes qui l'accompagnent. La loi astrologique ne nous blesse plus. En un sens, nous sommes au-delà d'elle. Cependant, nous n'en sommes pas encore là pour la plupart.

On dit qu'il faut être gentil, car tout le monde avance sur un chemin semé d'embûches. L'astrologie nous permet de voir à quel point c'est vrai. Nous avançons tous sur un chemin semé d'embûches. Nous jouissons tous de bienfaits, et nous portons tous notre croix. Nous sommes tous des diamants bruts, et notre vie consiste largement à libérer cette pierre de sa gangue, pour révéler la beauté qui y est enfouie : à libérer la beauté de l'Infini enfouie dans le Moi.

Au fil de nos vies successives, de notre progression à travers les signes du zodiaque, nous recevons les bienfaits et les responsabilités inhérents à la fréquence vibratoire de nos signes solaires. Notre âme assimile les leçons qui nous sont données, puis nous passons à la prochaine classe. La vie, sur le plan de l'âme, est très longue. Notre vie actuelle n'est qu'un tout petit clin d'œil au regard de l'éternité. Elle n'en demeure pas moins infiniment précieuse. Chaque instant est un instant qu'il faut chérir, un instant qu'il ne faut pas perdre.

Tout le temps qu'on ne passe pas à aimer est perdu…

Nous allons commettre des erreurs, plusieurs erreurs. Nous allons être inconscients très souvent. L'essentiel est de saisir la conscience lorsqu'elle se manifeste, de s'immobiliser, de cesser de penser (surtout de cesser d'avoir peur et de ressentir toutes les émotions négatives qui en découlent) et de simplement profiter de l'instant présent, dans la vastitude de l'Infini. Ce détachement de la folie du monde des formes, le retour à l'informe, cet abandon à l'instant présent, est un acte de confiance en l'intelligence de la vie.

C'est aussi un retour à la « mère » ou « conscience sacrée » : l'énergie yin qui fut supplantée par le yang de la patriarchie et l'essor de l'ego (les deux s'intéressant au pouvoir extérieur). Le yin ne se préoccupe pas du pouvoir. C'est l'énergie qui est au cœur du principe féminin, une énergie qui rassemble, qui nourrit – et par les temps qui courent, nous avons un besoin pressant de ranimer l'énergie yin sur cette planète. C'est dans l'énergie yin de la conscience sacrée, de la mère, que se trouve le véritable pouvoir. Le « pouvoir » que renferment les valeurs régies par l'ego que nous idolâtrons (dans le système actuel) est vain et illusoire. Et ceci, nous sommes sur le point de le découvrir.

Nous entrons dans l'ère d'une conscience nouvelle. Cette même intelligence qui fait tournoyer les constellations et les planètes, et battre notre cœur, est celle qui a dressé le plan et le schéma de nos vies. Elle ne se laisse pas leurrer par l'illusion du pouvoir et de l'ego. Nous sommes tous des cellules du vaste corps de l'Infini, et ce corps est habité par un esprit féminin.

Tout ce qui se produit le fait pour une raison précise. Nous ne savons pas toujours ce qu'il nous faudrait savoir ou ce que nous sommes venus apprendre ici-bas – peu importe de quoi il s'agit, cela fait partie du mystère. Il nous faut uniquement savoir que nous vivons dans un univers miséricordieux et qu'il y a un plan. Lorsque nous sommes en contact avec l'Infini, il ne nous est pas nécessaire de connaître notre raison d'être. Il nous suffit de contempler ce qui se trouve à l'intérieur de nous, de nous détendre face à la vie, d'accorder notre volonté à la volonté divine. À partir de là, les choses iront de soi.

L'Infini, l'Unique, se manifeste dans l'amour que nous ressentons dans nos cœurs, et cet amour nous est acquis à jamais. L'Infini est à la fois le père et la mère, et il nous aime parce que nous faisons partie de lui ; nous sommes ses créations. Notre périple de vie en vie a pour but de nous permettre de raffiner l'étincelle divine que nous portons tous. Le mieux que nous pouvons faire est de nous tourner vers l'intérieur, de trouver l'étincelle qui enflammera notre esprit et de découvrir quelles sont les intentions que nourrit notre âme à l'égard de cette vie. Nous avons un destin particulier, un rôle unique à jouer dans cet univers holographique. C'est la seule chose dont nous devons prendre conscience.

« Être éveillé, disait Carlos Castaneda, c'est marcher sur la frontière entre le contrôle et l'abandon. »

Le temps est venu de nous éveiller et de marcher sur cette frontière entre le contrôle et l'abandon, la responsabilité et la transcendance – pas seulement pour notre propre bien, mais pour le bien de ceux qui viendront après nous, et aussi pour le bien de notre planète. Nous vivons actuellement un passage critique de l'évolution, une période cruciale pour notre terre et pour nous-mêmes. Le temps est venu de nous éveiller, si nous ne le sommes pas déjà, et de prendre conscience du pouvoir qui nous est offert grâce à notre conscience. Il est temps de cesser de fonctionner sur le pilote automatique, de laisser aux responsables le soin de prendre les décisions (abandon). Nous sommes tous responsables. Nous sommes tous des créateurs, et par conséquent nous sommes tous responsables (contrôle) de l'état de la planète et de tout ce qui existe dans sa biosphère. Les choix que nous faisons, individuellement et collectivement (ils ne font qu'un au bout du compte), maintenant, cette année, créent notre future façon de vivre. Les choix que nous faisons dans le cadre de nos relations auront sur nos enfants des conséquences qui se propageront au fil des ans dans le cœur et l'esprit des ces êtres impressionnables et sans défense. Il est temps de grandir et de faire preuve de plus de conscience, dans toutes nos relations. Nous touchons beaucoup plus de vies que nous ne l'imaginons. Et tous les choix que nous faisons pour utiliser sagement notre énergie, et l'énergie de la terre, nous conduiront à un futur paradis sur terre, à une terre nouvelle ou à un futur désastre (dés-astre = contre les astres !).

Il est temps d'obéir aux étoiles, de nous mettre au diapason de notre âme et d'accéder à un plan supérieur. Il est temps de devenir plus conscient. Et ce temps, c'est maintenant. Il est peut-être plus tard que nous ne le pensons !

Merci d'avoir lu les mots de ce livre. Puissent-ils être pour votre âme les présents qu'ils étaient destinés à être.

Postface

Le but de la vie est de vivre, et vivre signifie
être conscient, joyeusement, jusqu'à l'ébriété –
sereinement, divinement conscient.
– Henri Miller

J'aimerais maintenant vous donner un aperçu de ce qui peut aussi influencer votre avenir. Le signe solaire met en lumière un aspect important de notre caractère, mais il ne s'agit que d'un seul aspect. Pour voir l'ensemble du tableau, vous pourriez faire interpréter votre carte du ciel par un astrologue professionnel.

La carte du ciel est en quelque sorte le plan de base de votre vie actuelle. C'est la représentation symbolique du voyage que vous entreprenez cette fois-ci. Comme nous l'avons vu, le Soleil illustre l'énergie consciente, ou le combustible, dont vous avez besoin pour démarrer. Il vous indique où votre énergie peut s'exprimer au mieux. La Lune (son signe et sa maison) révèle vos besoins les plus profonds et vos dispositions émotives. Mercure décrit votre processus mental, la manière dont vous pensez et communiquez. Vénus concerne surtout vos relations, et parle de ce dont vous avez besoin pour vous sentir en sécurité. Mars est la planète du « passage à l'action » : elle décrit vers quoi vous dirigez votre instinct de survie, ce qui éveille votre combativité. Jupiter indique où vous cherchez vos récompenses et où la vie vous offrira l'occasion de croître et de prendre de l'expansion. Saturne expose votre histoire karmique — ce dont vous avez peur, en quoi vous devez vous appliquer et vous discipliner afin de vous réaliser et de surmonter votre anxiété et vos lacunes.

Les planètes extérieures — Uranus, Neptune et Pluton — décrivent les énergies collectives de votre génération, et l'endroit où elles se situent sur votre carte du ciel indique où la collectivité vous touchera le plus profondément. Ce sont les forces de l'ombre, de l'intuition, et de l'éveil spirituel. Et votre carte du ciel renferme d'autres points sensibles qui décrivent en détail les schémas karmiques que vous êtes venu résoudre — l'histoire de vos vies antérieures, la carte derrière la carte en quelque sorte.

Les relations qu'ont l'un avec l'autre les corps planétaires illustrent le dialogue qui se déroule à l'intérieur de votre psyché. Si elles vont bien ensemble, les besoins que ses planètes représentent seront comblés de manière saine et productive. Si elles entretiennent des relations antagonistes, il sera nécessaire de faire plus d'efforts (d'être plus conscient) pour satisfaire ces besoins. Il arrive que ce soit l'œuvre de toute une vie.

Si vous savez en quoi consiste le travail que vous devez accomplir dans cette vie-ci, vous avez déjà remporté la moitié de la bataille. Un astrologue capable de vous aider à clarifier les thèmes sur lesquels vous travaillez, les schémas karmiques avec lesquels vous êtes venu au monde, agit en tant qu'émissaire de l'Esprit de Dieu. Il ou elle est un messager envoyé depuis l'Au-delà. L'astrologie est une science sacrée. Il peut s'agir d'un système de connaissances avec des signes définis ayant des significations distinctes (sur le plan de l'esprit), ou il peut s'agir d'un art intuitif, qui tisse symboliquement une histoire dont la signification et le sens sont extrêmement personnels (sur le plan du cœur). L'astrologie opère sur plusieurs plans. Elle transcende l'esprit rationnel, et l'englobe tout à la fois. C'est un instrument, parmi plusieurs, qui a le pouvoir de vous guider jusqu'au cœur de votre être et au but de votre existence.

Un domaine très excitant, et largement inexploité, est l'astrologie des relations. L'analyse conjointe des cartes du ciel de deux individus formant un couple révèle des informations qui sont vraiment stupéfiantes.

Les relations, comme nous le savons tous, sont souvent difficiles. Cela s'explique, entre autres, par le fait que ce que nous y apportons se trouve en dehors de notre conscience. Nous apportons une litanie de « vieux trucs » sous la forme de schémas historiques de notre enfance, d'attentes et de programmes sur « ce que les relations devraient être » issus de notre passé et de la culture qui est la nôtre. Nous imposons à nos relations un fardeau dû au fait que nous ne nous connaissons pas nous-mêmes. Alléger ce fardeau est l'un des bienfaits de l'astrologie. Elle nous aide à voir nos schémas intérieurs, que nous projetons inévitablement sur nos partenaires.

L'astrologie des relations peut nous aider à voir avec quelles énergies nous devons composer ensemble dans notre relation. Toutes les relations possèdent un héritage karmique ; nous avons été ensemble dans des vies antérieures, et si nous sommes assez conscients, nous pouvons découvrir qu'elle était, et est, l'essence de notre relation, et ce que nous n'avons pas compris alors. Nous pouvons cette fois-ci prendre les décisions et accomplir les actes requis pour apprendre les « leçons manquées » (ce qui constitue le karma en matière de relations).

L'âme opère grâce aux relations. Nul autre aspect de l'existence ne met en jeu l'âme de façon aussi profonde. Comprendre ses relations par l'astrologie est une façon d'explorer profondément et lucidement le territoire de l'âme.

Dans nos relations, comme dans la vie, il vient toujours un temps où l'on se sent complètement seul. En anglais, ce mot se dit *alone,* et c'est dans ce mot que se trouve la clé de l'âme : *alone* ou *all one,* tous un. Nous sommes en fait tous un, tous unis, même lorsque nous nous sentons le plus seuls. Sous la surface du sentiment de séparation, un fil nous relie tous. C'est plus qu'un fil ; c'est un manteau, le manteau cosmique — qui nous donne la vie et nous alimente à chaque instant que nous passons sur cette planète, à chaque souffle que nous prenons. C'est le manteau dans lequel notre conscience se blottira lorsque nous quitterons notre corps et passerons à la prochaine dimension. Comme le dit Deepak Chopra, la conscience est ce qu'il y a de plus permanent en nous, c'est le seul aspect de l'esprit que nous pouvons espérer voir perdurer.

Entre-temps, tandis que nous sommes ici-bas, nous pouvons favoriser la croissance de notre conscience en ouvrant notre esprit et notre cœur à l'âme. Nous pouvons choisir d'écouter les propos de l'âme, d'entretenir une relation avec l'Infini, et ce, afin d'approfondir notre connaissance de nous-mêmes au cours du périple de notre vie.

Puissent votre périple existentiel être plus riche et plus rempli de sens, et vos relations plus joyeuses et aimantes, grâce à votre décision d'ouvrir votre conscience à l'Infini présent en vous.

N'oubliez pas que nous sommes tous ensemble dans cette aventure : ce qui touche l'un nous touche tous. Ce n'est pas uniquement dans notre seul intérêt que nous devons devenir plus conscients, c'est dans l'intérêt de tous — et de notre belle planète. Soyez tous bénis.

Amour et Lumière,
Linda

Notes

Chapitre 1

1. CHOPRA, Deepak. *La vie après la mort, le livre des réponses,* Guy Trédaniel éditeur, Paris, 2007. 260 pages. Traduit de l'anglais par André Dommergues, p. 57.

2. HOLLIS, James. *Le meilleur est à venir,* Le jour, éditeur, Montréal, 2008. Traduit de l'américain par Marie-Luce Constant, p. 204

Chapitre 2

1. Dans son livre *Organic Univers* (Vesica piscis, Jaca, Espagne, 2005, 234 p.), Giuliana Conforto, astrophysicienne et chercheuse en ésotérisme, écrit :

> *Il faut se rappeler que la matière lumineuse que nous observons avec nos instruments ne constitue que 0,5*

pour cent de toute la masse calculée. Nous en voyons encore moins avec nos yeux. La « réalité » est un mince « film » de lumière électromagnétique, une matrice visible, avec laquelle notre corps biologique ou un robot peut interagir…

2. FICINO, Marsilio. « De Vita Coelitus Comparanda – How Life Should Be Arranged According to the Heavens ». *The Planets,* chap. 23. Cité par Thomas More dans *The Planets Within : Marsilio Ficino's Astrological Pshychology,* Bucknell University Press, Lewisburg, 1982, p. 27.

3. SZANTO, Gregory. *The Marriage of Heaven and Earth : The Philosophy of Astrology,* Arkana, Londres, 1985, p. 105.

Chapitre 3

1. HOLLIS, James. *Le meilleur est à venir,* Le jour, éditeur, Montréal, 2008. Traduit de l'américain par Marie-Luce Constant, p. 53.